U0503068

独立学院教育成本分担机制研究

DULI XUEYUAN JIAOYU CHENGBEN
FENDAN JIZHI YANJIU

那 薇 著

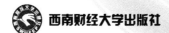

西南财经大学出版社

图书在版编目(CIP)数据

独立学院教育成本分担机制研究/那薇著.—成都:西南财经大学出版社,2015.7
ISBN 978-7-5504-2003-8

I.①独… Ⅱ.①那… Ⅲ.①高等学校—学校管理—教育成本—研究—中国 Ⅳ.①G647

中国版本图书馆 CIP 数据核字(2015)第 145629 号

独立学院教育成本分担机制研究

那薇 著

责任编辑:孙婧
封面设计:墨创文化
责任印制:封俊川

出版发行	西南财经大学出版社(四川省成都市光华村街55号)
网 址	http://www.bookcj.com
电子邮件	bookcj@foxmail.com
邮政编码	610074
电 话	028-87353785　87352368
照 排	四川胜翔数码印务设计有限公司
印 刷	四川五洲彩印有限责任公司
成品尺寸	148mm×210mm
印 张	6.5
字 数	160 千字
版 次	2015 年 7 月第 1 版
印 次	2015 年 7 月第 1 次印刷
书 号	ISBN 978-7-5504-2003-8
定 价	38.00 元

1. 版权所有,翻印必究。
2. 如有印刷、装订等差错,可向本社营销部调换。

前　言

　　独立学院是我国高等教育办学模式的创新和发展，它在满足人们对高等教育的需求、缓解高等教育经费紧张等方面起了很大作用。目前独立学院办学经费来源较为单一。一方面因为缺乏国家财政拨款，除了在举办之初投资方投入资金用于土地、校舍、主要教学设施等一次性大额支出以外，独立学院办学过程中需要的各种经费主要依靠学费收入来维持，这使得大部分独立学院办学经费相对短缺。另一方面，独立学院学费高昂，普遍都在 10 000 元以上，这对于很多贫困学生和家庭来说，无疑是巨大的负担。正是基于以上背景，课题组通过对高等教育教育成本分担理论的探讨，分析研究国外私立高等教育成本分担的理论和成功实践，针对我国高校独立学院的特殊性，探讨独立学院教育成本分担中存在的问题与不足，并提出改进策略和建议。希望对于大众化高等教育背景下的独立学院的发展起到理论与实践的双重指导意义。

　　课题分四个主要部分。第一部分，通过对独立学院发展现状的简要论述，指出本研究的社会背景及研究意义。第二部分，对独立学院教育成本分担的相关基本理论进行概述，包括教育成本分担的定义、原则、主体、问题等，为后续分析及对策建议的提出打下理论基础。第三部分，通过对我国高校独立学院的发展特别是云南省独立学院的发展现状进行分析，进而提出独立学院教育成本分担中存在的主要问题，并进行原因分析。第四部分，提出缓解高校独立学院教育成本分担过重的对策和建议。从目前来看，要解决独立学院发展中遇到的瓶颈问题——教育经费问题，必须多管其下，坚持几条腿走路，促进各部门的相互合作，才能真正做到既照顾了我国现阶段高等教育发展所遇到的困难，又为民办性质的独立学院发展解决了切实的问题。

本课题由云南师范大学商学院那薇教授主持。课题组成员为：刘裕萍、齐莉、李小文、何佩、杨高茂、杨利珠、杨振东、陈传明、周瑜、高阳、倪洪燕、董利、彭首喜、孟柱林、曹国林、张文、唐斌、樊舒（以姓氏笔画为序）。

课题组

2015 年 4 月

目　录

1. 绪论

1.1 选题背景

随着我国逐步进入大众教育阶段，公办教育已经越来越难以满足人们对教育的需求。1999 年，独立学院作为高校人才培养的一种新模式在浙江省开始试办，并迅速在全国范围内发展起来，2008 年就已达到了 318 所。作为我国高等教育办学模式的创新和发展，独立学院在满足人们对高等教育的需求，缓解高等教育经费紧张等方面发挥了很大的作用。

在充分肯定独立学院取得成绩的同时，也必须清醒地认识到在其办学过程中，还存在着这样那样的一些问题，例如办学定位模糊、产权不明晰、办学经费紧张、专业设置不合理、毕业生就业困难等。课题组在此主要关注独立学院的办学经费问题。

目前独立学院办学经费来源较为单一。因为缺乏国家财政拨款，除了在举办之初投资方投入资金用于土地、校舍、主要教学设施等一次性大额支出以外，独立学院办学过程中需要的各种经费就主要依靠学费收入来维持了。这样一来，必然会对独立学院的内部管理与可持续发展产生不良影响：

1. 正常运转经费紧张

虽然独立学院的学费标准高于公办大学，但如果单纯依靠学费收入来保证学校各项工作的正常运转，还是比较困难的。而且独立学院戴着公办高校的"帽子"，作为回报，独立学院一般每年须向母校交纳当年学费总额的20%左右的管理费，这导致独立学院的办学经费更加紧张。

2. 工作重心有所偏差

著名经济学家、武汉大学校长顾海分析："一个民办学校或者独立学院，仅仅就其办学基本经费而言，在校生人数在1.1万人以上的时候，才可能进入良性循环。而低于6 000人就开始赔钱，就必然要压缩教师人数和设备经费，从而维持运转。所以在校生人数如果低于5 000人，这所学校可能就会难以维系，陷入财务危机。"因此，在很长一段时期内，独立学院将工作重心放在办学规模的扩张上，而无暇顾及学科专业的建设以及教学质量的提升。

为了扩招，独立学院在生源选拔标准上也会一降再降，生源质量普遍不高，进而影响了办学品质。

3. 学生及家长负担较重

独立学院是按教育成本收取学费的，学费标准普遍都在10 000元/学年以上，再加上数千元的住宿费，对于大多数工薪阶层家庭来说，无疑是巨大的负担，更不用提农村家庭了。

4. 应用型人才培养环节落实困难

独立学院定位为应用型大学，为实现应用型人才培养的目标定位，实践教学环节在整个教学活动中应该占据主要地位。但由于目前大部分独立学院办学经费相对短缺，维持学校正常的开支已经不易，投入到实验室、实训基地的建设资金相对有限或严重不足，因此独立学院的实践教学环节处境尴尬，应用型人才培养环节落实困难。

这些不良影响制约着独立学院的发展，使其社会声誉远不如母体大学和其他公办高校，新生报到率也不尽如人意，周而复始便形成了恶性循环，使得独立学院逐渐陷入资金危机、生源危机、质量危机，进而引发了生存和发展的危机，这不得不引起社会各界的高度重视。

如何解决独立学院办学经费紧张的问题？课题组认为根本在于建立合理的独立学院教育成本分担机制。

美国教育经济学家、美国纽约州立大学原校长布鲁斯·约翰斯通教授于1986年提出了"高等教育成本分担理论"。他认为高等教育成本应由在高等教育中获得利益的各主体，按照利益获得原则和能力支付原则共同分担。

根据这一理论，独立学院教育成本应由政府、受教育者个人及其家庭、社会以及独立学院自身作为主体共同分担，而现实的情况却不是这样。纵观全国各地，独立学院的成本分担结构还比较单一，主要是由受教育者及其家庭来承担的，政府、社会和独立学院自身还没有在教育成本分担中发挥应有的作用。

1.2 文献综述

1.2.1 国外高等教育成本分担研究现状

国外学者从实证的角度探讨高等教育投资与经济增长的关系，从而提出了高等教育成本分担的必然性。

1958年，最早研究教育经济学的学者之一的约翰·维泽（John Vaizy）出版了专著《教育成本》（*The Cost of Education*），首先提出了教育成本的概念。该书计量分析了20世纪初到20世纪50年代英国教育经费的变化情况，但作者在书中将教育经费等同于教育成本。

1979 年，美国经济学教授埃尔查南·科恩（Elchanan Cohn）出版了《教育经济学》一书，对教育的收益、成本及两者的关系、教育的生产与成本函数、教育财政以及教育计划等进行分析。他把教育成本分为两类：直接成本和间接成本。直接成本主要是学校提供教育服务的成本，但也有一部分是学生因上学而发生的支出——额外的食宿费、服务费，往返于家庭与学校之间的交通费、书费、运动器械等学校用品费用。间接成本主要有学生因上学而放弃的收入，学校享受的税款减免，用于教育的建筑物、土地等资产损失的收入（利息或租金）。

1980 年，新自由主义经济学家弗里德曼（Friedman）结合萨缪尔森创建的公共物品理论提出了自己的观点，认为高等教育的费用不应该仅仅由政府来承担，而应由学生或学生家庭来承担一部分。

1986 年，美国纽约大学时任校长、经济学家布鲁斯·约翰斯通（Johnstone）出版了《高等教育的成本分担：英国、联邦德国、法国、瑞典和美国的学生财政资助》一书，提出了著名的成本分担理论。在该理论中，他详细论述了成本分担的具体内容，认为政府、高等院校、学生（家庭）以及企业家均应成为高等教育成本的分担者。其所依据的价值基础是：高等教育是一项有投资、有收益的社会活动，它可以满足多个主体的需求，收益方包括国家、受教育者、企业、家庭以及大学自身。与此同时布鲁斯·约翰斯通创立了高等教育成本与补偿理论。该理论认为高等教育成本应包括教学成本、生活成本以及机会成本，更为重要的是布鲁斯·约翰斯通在该书中指出应该对贫困大学生提供奖助学金。2002 年布鲁斯·约翰斯通在其文章《高等教育成本分担中的财政与政治》中明确指出：高等教育成本分担是指高等教育成本完全或几乎完全由政府或纳税人负担转向至少部分依靠家长和学生承担，他们交学费补偿部分教学成本，或支付使用费补偿由政府或大学提供的住宿费和膳食费。

美国是高等教育成本分担主体多元化的典型国家，私立高校成本分担的主体与公立高等教育经费来源途径类型大体相同，但各种经费来源途径所占比例不一样。成本分担模式的主要内容：一是中央及地方政府的相关机构对高校和学生进行奖助学金的补助，学生可以通过申请奖助学金来完成学业；二是学生缴纳各种学杂费，可以是家庭收入支付，也可以是自己以假期打工挣得收入支付；三是企业家、本校校友或慈善机构的社会捐赠；四是成立专门的基金公司，通过运营基金的方式来获取基金收入；五是高校利用自身优势从事各种业务活动获得收入。

澳大利亚则认为应由个人和政府共同分担教育成本：20%的高等教育成本由学生或家长承担，可通过家长在开学前支付或学生先贷款，毕业后再偿还上学期间所欠的学杂费的方式，而由政府和企业来共同承担80%的高等教育成本。澳大利亚的成本分担计划考虑了个人的支付能力，并可依据个人的支付能力来选择支付方式，学生可以通过延缓付款的方式来获得接受高等教育的机会，这样也就避免了学生会因为交不起学费而被迫辍学情况的发生。

德国每年投入教育的资金占到德国整个教育资金的75%。法国中央政府的财政拨款占法国大学高等教育收入的65%，而地方政府的投入占法国大学高等教育投入的22%，两者合计共占到法国教育收入的87%。而北欧国家如丹麦、芬兰、瑞典等则基本对在校大学生不收取任何费用，但是北欧各国的税收比例是非常高的，其教育投入的来源主要是中央政府和地方政府的税收。

英国受政府市场策略发展的影响在不同时期实行了不同的高等教育成本分担模式。主要内容有：

初期（1980—1997 年），英国政府较大额度地减少每个学生接受高等教育所产生的费用，鼓励各个不同的主体参与高等教育成本的分担，政府强化对高等院校的监督和管理。

成长期（1998—2006 年），将高等教育全面推向市场，通过市场体制的调节来制定高校的收费制度，基本实现高校收费的完全市场化目标。

改革期（2006 年至今），大幅度提升学费标准，不同高校实行差别学费制度，提供相应的贷款业务和对贫困学生的生活补助以及多种奖助学金制度。

日本实行由学生（家庭）来承担大部分教育成本的做法。其基本内容有：政府除了对个别国立大学投入一定的资金外，基本对别的私立院校不投入或很少投入资金，完全把私立大学推向市场，这就必然导致私立大学的收入主要为学生的学杂费。另外 2003 年之后，日本国会通过了《国立学校特殊行政法》，标志着国立大学改革的正式开始，国立大学也和私立大学一样进入市场，通过市场自筹经费。

1.2.2　国内高等教育成本分担研究现状

我国关于高等教育成本分担的理论研究相比于国外来说起步较晚，但是自我国实行高等教育成本分担政策以来，随着我国高等教育收费制度的推进和教育事业的拓展，国内的学者对这一课题进行了大量的理论研究并取得了一些成果。

麻跃辉（2007）从个人在高等教育成本分担所应处的地位的角度论述了高等教育成本分担的相关理论。他认为由高等教育准公共物品的特性可知，高等教育成本应由政府、企业、个人（家庭）共同承担，并且在承担的过程中应该遵循公平原则和支付能力原则，不同收入的群体应该支付不同的教育成本。

陆根书、钟宇平（2008）等人则利用相关计量分析模型研究了个人（家庭）分担高等教育成本的可行性。吉宏、解云燕、肖琼（2008）认为根据成本分担理论、准公共物品属性理论、收益理论和成本构成理论，我国高等教育成本分担与补偿机制的实施思路为：政府应该成为高等教育成本分担的最核心也是最重要的承担者，而学生（家庭）也应该在自身收入水平一定和支付能力承受范围之内适当地分担一部分高等教育的成本，但是其分担的金额不应给学生（家庭）造成过大的经济收入压力。而高等教育有利于提高员工的工作绩效，从这个角度来说，用人单位也应该分担一部分的教育成本，高校也要结合自身的实际情况，利用自身的优势获得一定的服务收入来增加高校的收入。

赵银德（2009）结合自身的调研针对我国高等教育成本分担和补偿的相关问题指出解决教育成本分担和补偿的相关对策建议：一是正确核算高等教育成本，不仅仅是高等教育成本的项目，还包括高等教育成本的金额；二是加大国家对高等教育的财政投入和财政补贴；三是加大对贫困学生的奖助学金补助；四是建立并完善对高等教育的补偿措施和补偿机制。

黄信恒、辛贤（2010）在分析了我国教育成本分担的现状后指出优化完善我国高等教育成本分担制度的对策：一是加大财政支持力度；二是鼓励企业积极参与；三是减轻个人成本负担；四是全面提升高校自身的经营和管理能力，降低教育资金的浪费，提高教育资金的使用效率。

杨阳（2013）从受教育机会均等的视角提出了高等教育成本分担的建议：一是实行累进学费制，促进教育机会均等；二是减轻个人成本分担，完善学生资助体系；三是拓宽教育经费渠道，鼓励社会团体等的捐赠。

1.2.3　国内独立学院教育成本分担研究现状

菠景州、范先佐等（2009）从独立学院高等教育成本分担的动机、目的、意义等方面论述了高等教育成本分担的相关问题，并从不同层次指出了个人（家庭）在从事高等教育活动时面临的各种支出。

唐源（2010）通过实地调研发现了独立学院高等教育成本问题并提出了解决问题的相关建议。主要有以下四点：一是强化高校的经营和管理能力，提高资金使用效率；二是在政府、个人、企业三者之间合理地分配学费；三是积极吸收社会各界人士的捐款，不断增强高校自身融资的能力；四是设计合理的成本分担体系，保证各分担主体都能承受教育成本的数额。

杨琴（2011）以四川省独立学院为例提出了独立学院教育成本分担的建议：一是加大政府的财政投入；二是建立贫困生资助体系，实行差别收费制度；三是建立税收优惠机制，引导社会捐赠助学；四是强化市场意识，增强自身的服务收入；五是尽快脱离母体，实现真正的独立；六是鼓励投资方投资学校建设。

李瑾（2013）在《中日民办（私立）高等教育成本分担比较》一文中则提出了民办高校教育成本分担的建议：一是建立国家（政府）购买教育服务制度；二是完善社会捐赠制度；三是鼓励优质教育服务品牌效应（建立品牌效应和加强自身服务性创收）；四是建立人才回馈（反哺）机制。

综上所述，国外高等教育成本分担的模式主要有三种：主要靠政府来承担高等教育成本的一元模式；政府和受教育者两者来共同分担高等教育成本的二元模式；政府和纳税人、家长、学生、个人或机构捐助者来共同分担与补偿高等教育成本的多元模式。在我国，众多学者大多是以公办高校为研究对象，主要从是否进行成本分担和如何进行分担这两个方面展开的。我国学者对独立学院教育成本分担的研究则相对较少，而且主要是从个案来进行研究。总之，目前独立学院教育成本分担结构比较单一，主要由受教育者及其家庭承担，从而导致办学经费过于依赖学费，诱使许多独立学院把工作的重心变成规模扩张，而不是提高教育质量，从而导致生存与发展危机。

1.3　研究的目的与意义

正是基于以上背景，课题小组认为有必要对我国高校独立学院教育成本分担存在的主要问题及其原因进行探讨，从而为改进我国高校独立学院教育成本分担机制提出相应的对策和建议。希望对于大众化高等教育背景下的独立学院的发展起到理论与实践的双重指导作用。

从目前来看，要解决目前我国高校独立学院发展中遇到的瓶颈问题——教育经费问题，必须多管其下，坚持几条腿走路，促进各部门的相互合作，才能真正做到既照顾了我国现阶段高等教育发展所遇到的困难，又为民办性质的独立学院发展解决了切实的问题。

本研究有两个创新之处。第一，就研究对象而言，本研究是以独立学院为研究对象展开的。纵观最近几年国内外有关高等院校教育成本的核算和分担问题的研究，其研究领域多数集中在公办院校或完全市场化下的私立院校，而对于在中国社会主义市场经济的大背景下所产生的独立学院的研究较少。即使有一部分研究，也多数集中在一些理论层面的探讨，通过实际数据的分析而进行的探讨很少。第二，就研究内容而言，大多数研究围绕高等教育成本构成要素以及学费标准制定等方面进行展开的，本研究为改进独立学院教育成本分担提出一系列的对策和建议，更具实际意义，进而为独立学院的发展解决了切实的问题。

1.4　研究的思路与方法

为了得到第一手的有用数据和信息，课题小组设计了四个调查项目（关于独立学院教育费用与家庭支付能力的调查、关于独立学院学生学费—收益情况的调查、关于独立学院办学经费来源的调查、关于独立学院贫困生资助体系的调查），通过对样本的调查和数据分析，客观地描述独立学院教育成本分担的现状，探究其存在的问题及其原因，为对策建议的提出提供数据支撑。在此基础上，课题小组进一步通过对高等教育成本分担理论的探讨，分析研究国外私立高等教育成本分担的理论和成功实践，针对我国高校独立学院的特殊性，探讨我国高校独立学院教育成本分担中存在的问题与不足，并提出改进策略和建议。

本研究主要采用文献资料法、访谈法、比较研究法、调查研究法和定性定量分析法。技术路线图见图1-1。

选择这些研究方法主要出于以下考虑：

（1）在文献方面，课题小组拟主要研究我国公办高校、民办高校和独立学院教育成本分担的相关文献，包括专著、调查报告、论文等。

（2）由于现有官方部分资料数据以及其他研究关于独立学院教育成本分担的统计资料的不可及，已有资料与本研究主题目的存在差距，本研究有必要从研究目的出发进行调查研究，直接获得第一手资料，以确保基本数据的准确性和可靠性。

（3）为了更好地论述独立学院教育成本分担所面临的困难，课题小组还将采用比较研究的方法，选取普通高校、民办高校和独立学院作为对比研究对象。

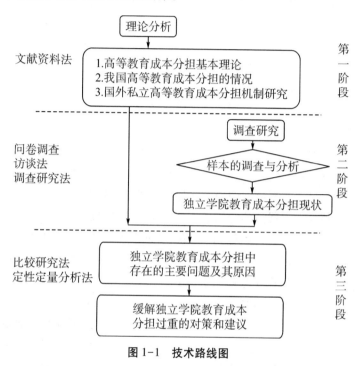

图 1-1　技术路线图

2. 高等教育成本分担的理论分析

　　随着经济全球化以及各国科学技术的迅猛发展，现代化的国际竞争是以教育为基础，以科技为先导，以人才为根本，并且竞争呈现愈演愈烈的局面。为了在竞争中取胜，各个国家开始调整科技发展战略，加大对教育和科技的投入。当今社会，高科技竞争说到底是人才的竞争，全世界都着力提高国民素质，这已成为各国竞争的焦点。高等教育是培养人才的重要途径，对经济发展起着极其重要的作用。

　　20世纪80年代以来，各国都为发展高等教育投入了大量的人力和物力，高等教育办学规模逐年扩大，导致高等教育成本不断提高，各国因此出现了高等教育的财政危机。为了满足不断扩张的高等教育规模和逐渐提高的生均支出，许多国家都开始探讨成本分担问题。

　　近年来，荷兰、葡萄牙、英国以及奥地利等国相继实行高等教育成本分担政策。① 美国高等教育经济资助的最主要来源是联邦政府和州政府，欧洲一些实行免费高等教育的国家，关于大学学费是否收取的讨论也在激烈的进行中。对于我国而言，

---

　　① 肖宏伟. 高等教育成本分担机制研究 [D]. 西安：西安科技大学，2006：1-16.

高等教育近年来开始飞速发展，政府对高等教育的投入不断增加，但是我们必须意识到，在今后相当长的时期内，我国高等教育经费所面临的因高等教育规模扩大和质量提高而产生的巨大压力将难以得到有效缓解。①

我国在 1996 年颁发的《高等学校收费管理暂行办法》明确了高等教育属于非义务教育阶段，学校依据国家有关规定向学生收取学费。1997 年高等学校全面并轨，我国高等教育全面实行收费制度，宣告着自 1950 年以来实行的高等教育免费制度结束。从时间上看，我国高等教育分担的历史较短，加之我国的体制和国情，导致我国高等教育成本分担问题比较复杂，需要解决的问题难度更大。我国高等教育成本分担的课题研究也是近年来兴起的，研究历史短，理论分析不够深入和全面，所以我国高等教育成本分担的实践缺乏更为有效的理论指导。

我国高等教育成本分担问题已成为学界许多学者关注的话题，针对这一问题的探讨可以充实教育成本分担的理论研究，从而为成本分担的实践提供指导，这对于我国高等教育的办学和发展都具有实际意义。

2.1 高等教育成本的概念

2.1.1 国内外关于高等教育成本概念的阐述

1. 国外高等教育成本的研究

成本首先是一个经济学范畴。依据马克思的价值理论，商品 W 的价值用公式表示为 W = C（物化劳动耗费）+ V（活劳

---

① 柳春慈. 中英高等教育财政拨款方式的比较及其启示 [J]. 河北理工学院学报：社会科学版，2004（2）：4.

动必要劳动耗费）＋M（活劳动剩余劳动耗费）。其中 C＋V 为商品的成本价格，是构成产品成本的基础，也是教育成本确认与计量的基础。

"教育成本"是教育经济学中的概念，是 20 世纪 50 年代末 60 年代初随着人力资本理论的形成而提出的。这个词最早是由英国经济学家约翰·维泽于 1958 年在《教育成本》一书中提出，该书将教育经费看成教育成本，没有给出教育成本的明确概念。1962 年约翰·维泽在《教育经济学》一书中对教育成本的定义进行了明确。他指出：教育成本不仅要计量教育的直接成本，而且要计量教育的间接成本。

国外学者对教育成本的研究深受约翰·维泽的影响。美国经济学家西奥多·舒尔茨于 1963 年提出"教育全部要素成本"的概念，认为教育全部要素成本包括：为提供教育服务的成本和学生上学时间的机会成本。高等教育成本由四大类构成：第一类是教学基本成本（美国会计标准中列为特别拨款或合同经费以外的"教育与一般成本"）；第二类包括用自有资金或拨款开展的联合研究或特别活动开支；第三类是学生生活成本；第四类是学生上学时间的机会成本。① 这将教育经费与教育成本两个概念区分开了。

埃尔查南·科恩于 1979 年提出教育成本可分为两大类：直接成本和间接成本。到 20 世纪 80 年代，莱文（1983）认为，从经济分析的角度，教育的实际成本不仅包括公共教育经费，也包括私人成本。

美国高等教育专家布鲁斯·约翰斯通于 1986 年提出了高等教育成本分担理论。他将高等教育成本分为三类，包括：①教

① 徐惠强. 高等教育成本理论研究状况述评 [J]. 财会通讯（综合），2012（1）：62.

学成本，指学校（教育机构）为教学支付的费用，包括教职工工资、报刊图书、仪器设备、基础设施以及日常耗费等。这些成本通常可见于学校的日常预算和开支的账目中，它们的开支形式是工资、津贴、设备购置费用、折旧耗损、维修费用等。②学生生活成本，包含学生和家长为住宿、伙食、日常生活的开支，以及为学习需要的杂费和往返交通支付的费用等。③学生放弃的收入（即机会成本），学生为了上大学而不参加生产劳动，个人就业时间缩短而减少的收入。①

国外学者对教育成本的探讨多集中在成本的分类和构成要素方面，没有给教育成本一个明确的定义。直至美国高等教育成本委员会于1998年在《高等教育成本与价格的简明直言》报告中，将教育成本定义为教育机构为向学生提供教育服务所耗费的资源。

通过以上资料的整理发现，不同学者对教育成本的概念表述不同，他们从不同的角度诠释了教育成本，但是从中可以分析出共同的本质，即：教育成本的本质是为使受教育者接受教育服务而耗费的资源价值，它既可以表现为以货币支出的教育资源价值，也可以表现为因资源用于教育所造成的价值损失。前者称为实支成本或者货币成本，后者称为机会成本或者间接成本。②

2. 国内高等教育成本的研究

我国在高等教育成本的研究，从学术研究领域来看，最早撰写教育成本论文的作者是刘玉伦，他在1985年发表了《改革与高校经济效益的核算》。最早撰写教育成本博士论文的作者是

---

① ［美］布鲁斯·约翰斯通. 高等教育成本分担［J］. 美国大学入学考试委员会，1986.

② 孙羽迪. 我国高等教育成本分担及国际比较［D］. 北京：北京工业大学，2008：7.

陈上仁，2004年他撰写了《中国高等院校成本行为研究》。最早撰写教育成本硕士论文的作者是梁伟军，2003年他撰写了《高校生均成本项目辨识及其影子折旧测评研究》。广西地方普通高校教育成本和投资研究课题组于1996年完成《广西地方普通高校教育成本和投资的初步研究》。

另外，在政策法规方面，1985年《中共中央关于教育体制改革的决定》提出，"可以在计划外招收少量的自费生，学生应交纳一定数量的培养费。"1986年10月国家教委和财政部颁发的《高等学校财务管理改革实施办法》第二十七条指出："改革现行的会计核算制度，研究建立高等学校会计教育核算体系和投资效益分析指标体系，做到直接费用正确归属，间接费用合理分摊，为核算人才培养成本创造条件，使会计核算适应学校管理的要求。"1989年国家教委等三部委联合发出了《关于普通高等学校收取学杂费和住宿费的规定》。1992年开始酝酿公费、自费招生并轨的有关事宜，1993年由上海外国语大学和东南大学作为缴费上学的试点院校实行统一收费。1994年国务院颁布的《中国教育改革和发展纲要》的实施意见明确提出，"学生实行缴费上学制度。缴费标准由教育行政主管部门按生均培养成本的一定比例和社会及学生家长承受能力因地、因校（或专业）确定。"1997年全国普通高等学校全部实行公费、自费的招生并轨，实行"缴费上学、双向选择、自主择业、就地就近安排"的招生和就业体制改革。

2005年国家发改委颁布的《高等学校教育培养成本监审办法（试行）》把高校教育培养成本纳入政府监管范围，但不是通过会计核算程序计算而来的会计成本。2003年国家发展改革委办公厅、财政部办公厅、教育厅部办公厅发出《关于开展高等学校教育成本有关情况调查审核工作的通知》（发改办价格〔2003〕347号）。2006年，教育部和财政部等有关部门着手研究高校学生生均培养成本的计算和核算方法。高校现在实行的是事业单位财务会计制度，目前高校成本核算还不具备财务会计基础。

通过以上材料的收集和整理发现，我国高等教育成本的理论研究和政策基本是同步进行。也就说明我国的高等教育成本研究是自上而下的，即国家放开招生政策之后，允许招收自费生，才开始吸引学者关注高等教育成本的问题，探讨到底由谁来承担教育成本。

我国学者王善迈在其《教育的投入与产出研究》（1996）一书中指出只有用于培养学生所耗费的资源才能构成教育成本。投入教育的各种资源，如果不是用于培养学生，而是用于其他目的，则不能构成教育成本。① 范先佐认为，教育成本即指学生在学校接受教育期间，所支付的直接与间接教育费用。它包括教育的社会直接成本和间接成本，教育的个人直接成本和间接成本。教育的间接成本又称机会成本。② 袁连生在其著作《教育成本计量探讨》中，把教育成本分为实支成本和机会成本。③

从以上介绍的各位学者对教育成本的阐述，可以看出教育经济学界对教育成本概念的表述从各自的角度出发，各有侧重，但对其本质内涵的理解却基本相同。

2.1.2 我国高等教育成本的概念界定

根据前文对高等教育成本概念的梳理，从中发现，我国对高等教育成本的研究受政策导向影响，教育成本也是由于国家提出

---

① 王善迈. 教育投入与产出研究［M］. 石家庄：河北教育出版社，1996：166.

② 范先佐. 教育经济学［M］. 北京：人民教育出版社，1996：284.

③ 袁连生. 教育成本计量探讨［M］. 北京：北京师范大学出版社，2000：12.

收取自主招生的费用之后才开始在学界展开研讨。高等教育成本，从本质上讲，是指高校在教育活动中用于培养学生耗费的教育资源价值总和，它包括广义的和狭义的高等教育成本。广义的高等教育成本是指培养一个高校学生，国家、家庭和社会所耗费的全部费用。狭义的高等教育成本主要由以下几个部分组成：①人员经费支出，为传授知识消耗的活劳动报酬，主要是教职工的基本工资、各类津贴、奖金、职工福利费、社会保障费支出等；②学生奖助学金、学生生活物价补贴、医疗费用；③日常公共支出，即为维持教学活动正常运转而发生的日常消耗性公用支出；④固定资产折旧费用，如教学用房、教学仪器设备、图书资料等的耗费；⑤其他与培养学生有关的耗费。

在目前有关教育成本计量或者核算以及成本分担的研究中，只能依靠货币成本，或者实支成本。本质上的教育成本包括了资源耗费、学生学习的所有费用以及所有这些资源用于高等教育而损失的收益或机会成本。但是本书的目的是分析高等教育成本分担的情况，而损失的机会成本是无法让某个主体来分担，也无法进行分析研究，因此本书采用的是狭义的高等教育成本概念，即以货币支出的教育资源价值。

2.2　高等教育成本分担的含义及原则

高等教育成本分担，是指高等教育成本由谁支付以及如何支付的问题。

2.2.1　国内外高等教育成本分担含义的研究

1. 国外高等教育成本分担的研究

在全球面临高等教育财政危机的背景下，布鲁斯·约翰斯通在 1996 年出版的《高等教育的成本分担：英国、德国、法国、瑞典和美国的学生资助》一书中对成本分担理论作了详尽论述。他在美国科罗拉多召开的 2000 年议程的一次会议上第一次提出了著名的高等教育成本分担的理论。即高等教育成本完全或几乎完全由政府或纳税人负担转向至少部分依靠家长和学生负担，他们以学费的形式补偿部分教学成本，或支付使用费以补偿由政府或大学提供的住宿费和膳食费。

这种理论认为高等教育成本分担即是高等教育成本如何在政府、企业、个人、家庭和慈善家等各方之间合理分担的一种教育财政制度，是基于高等教育作为准公共产品的一种私人价格补偿和公共产品税收价格补偿相结合的混合补偿机制。这一机制主要解决高等教育成本由谁支付及支付多少的问题。

从 1989 年的《儿童权利公约》、1990 年泰国《世界全民教育大会宣言》到 2000 年达喀尔世界全民教育论坛，均提出并支持了教育成本分担。1993 年，布鲁斯约翰斯通又进一步扩展了成本分担的范围，明确提出企业应通过支付其雇员的部分或全部学生贷款，或者通过特别税款对高等教育成本在税收以外再进行额外补偿。

美国是世界高等教育最发达的国家，早在 20 世纪中期就走入了大众化的阶段。美国多元化筹措高等教育经费的格局被西方国家称为典型模式。政府拨款、学费、科研经费、专利收入、销售与服务收入、捐赠及其他收入等是美国筹措高等教育经费的主要渠道。

英国的高等教育财政拨款体制最具特色，通过拨款体制的发展来看高等教育成本分担的演变，可以发现，英国高等教育成本分担经历了从国家不参与到政府出资补助低收入家庭的学生的转变历程。20 世纪 90 年代开始，英国高等教育财政拨款体制进入推进期，教育经费来源已经呈现多元化趋势，但政府仍然负担了其中的绝大部分。1997 年，英国政府成立了高等教育质量保障署，同各主要高等教育拨款机构合作，对高等教育的质量和标准进行评估，对不达标准的高校高等教育拨款机构削减政府的拨款经费。在学生资助方面，英国政府日渐完善，学费越来越昂贵，但是政府对低收入家庭的学生积极进行资金补助。

印度由于高等教育的大规模扩张，致使近 20 年来高等教育一直处于经费紧缺之中。为多方筹措办学经费，印度经过不断努力，使得高等教育经费来源大体分为政府投资和非政府投资。政府投资是指来自中央、邦和地方政府的教育投资；非政府投资指学费、家庭教育支出和社会捐款。

澳大利亚联邦政府是高等教育机构进行教学与研究所需经费的主要提供者，凡是属于全国性体系下的高等教育机构，均可接受联邦政府的财政拨款。近年来，联邦政府对高等教育的支持力度降低，学生及其家庭在高等教育成本分担中的作用越来越大。

在德国，大学本科教育原来属于公共支出范畴，2006 年开始改为非义务教育，该项经费的一部分由政府财政承担，德国的本科教育由纯公共品性质转变成准公共品性质。大学是否收费由各州政府决定，不受联邦政府管辖。

拉美国家的公立高等教育长期以来实行免费教育，公立高等院校的经费几乎完全依赖国家拨款；私立高校的经费主要依靠私人企业、基金会、教会等社会团体或个人捐款以及学费收入。公立高校也通过自筹资金和收取学费的方式筹措资金。

2. 我国高等教育成本分担的研究

在我国，"成本分担"的概念是在 1999 年《中共中央国务院关于深化教育改革全面推进素质教育的决定》（以下简称《决定》）中明确提出的。《决定》指出"在非义务教育阶段，要适当增加学费在培养成本中的比例，逐步建立符合社会主义市场经济体制以及政府公共财政体制的财政教育拨款政策和成本分担机制。"

袁连生在《教育成本计量探讨》中认为，教育成本负担，又称为教育成本分担，是指由谁来支付、负担教育成本。

姚建根在其论文《论我国现阶段高等教育收费制度与成本个人分担》中提出：与教育成本分担相关的概念还有教育成本补偿，但教育成本补偿更多是站在学校主体的角度讨论用什么收入来弥补学校所消耗资源的价值。教育成本分担的表象是由谁分担教育成本，是政府、个人还是几者共同分担的问题，但实质上还是一个居民收入的再分配问题。

曾贱吉在《论高等教育成本分担与补偿的主体》提到：高等教育成本分担主要指中央与地方政府根据各自的财力状况对高等教育费用进行合理分担。高等教育成本补偿则是由高等教育收益各方（政府除外）根据各自收益高低及支付能力大小对高等教育费用进行补偿。有时把高等教育成本分担与补偿统称为高等教育成本分担。所谓高等教育成本分担与补偿是指高等教育费用在各级政府、用人单位、学校自身及受教育者个人之间合力分担并实现。

经历多年的社会发展、变迁以及政策指引，我国高等教育从精英化走向大众化，教育成本分担的研究迫在眉睫。高等教育由开始的免费走向多方筹措，集合多方力量办高等教育。

2.2.2 我国高等教育成本分担概念的界定

刘静茹在其文章中提出：高等教育成本分担主要指中央与地方政府以及高等教育受益方根据各自的财力状况对高等教育费用进行合理分担。在分担方式上，政府主要是通过财政拨款的方式分担高等教育成本；个人和家长主要通过缴纳学费的形式分担高等教育成本；企业家和慈善家通过捐赠基金或捐现款的方法来支付。①

结合前文国内外对高等教育成本分担研究的梳理，我们可以认为，高等教育成本分担主要是指由政府和个人共同分担高等教育成本的一种教育财政制度。它主要解决高等教育成本由谁支付及支付多少的问题。政府主要通过财政拨款的方式分担高等教育成本，个人通过缴纳学费的形式分担高等教育成本。

简而言之，高等教育成本分担就是由谁支付高等教育成本、支付比例是多少。

2.2.3　高等教育成本分担原则的探析

在不实行成本分担与补偿而完全由国家承担高等教育经费的情况下，由于高等教育的生均成本很高、国家的财力有限，只能为极少数的人提供受高等教育的机会。从我国当前状况分析，由于财政收入占国内生产总值（GDP）的比例下降，其对高等教育的支付能力受到极大制约，会导致高等教育规模不能适应经济和科技的快速发展。高等教育从精英教育迈进大众普及，这场高等教育大众化浪潮始于美国；20 世纪 60 年代，波及日本，并将加拿大、澳大利亚、韩国等卷入其中；随后蔓延到中国等国家。随着大众化高等教育时代的到来，国家完全支付教育成本已经不能满足高等教育的发展，而要进行高等教育成本分担。我们可以从分担的原则角度来探讨教育成本分担问题。

关于高等教育成本分担的原则，学者马娜在其研究中提出了以下原则：社会效益原则、承受能力原则、教育产出属性原

---

① 刘静茹. 我国高等教育成本分担的问题及对策研究 [D]. 武汉：湖北大学，2011：8.

则、办学成本原则、社会需求原则。① 理论界认为高等教育成本分担主要遵循的是两条基本原则：利益获得原则和能力支付原则。② 虽然两种提法的表达方式不一致，但是其本质有相同之处，都集中体现了高等教育成本分担关注的是收益方和支付方的定位。根据成本分担的概念探讨，谁受益谁支付，所以，高等教育成本分担遵循的原则可以从利益获得和能力支付两个方面来分析。

1. 利益获得原则

利益获得原则就是谁受益谁分担的原则，即根据社会和个人收益的多少确定各自分担的成本份额。③ 它要求接受高等教育获得利益的各方根据自身收益的多少来共同分担其成本。由于高等教育是一项准公共产品，所以其受益者包括社会和个人。社会收益是受教者本人不能独自占有的，包括经济收益和非经济收益。高等教育的社会经济收益主要是指高等教育对经济增长的贡献，促进企业或组织的发展；而非经济收益包括社会文化的传播，精神文明的建设等方面。同样高等教育的个人收益也有经济收益和非经济收益，个人接受高等教育有利于个人收入的提高，也同时促进个人文化素质和人格修养的提升。

因此按照利益获得原则，在高等教育中，国家、社会、企业、团体和个人都获得了利益和好处，所以他们都应该支付相应的教育费用，承担起投资高等教育的责任，这是提高高等教

①　马娜. 高等教育成本分担问题研究 [D]. 成都：西南交通大学，2008：26-27.

②　刘静茹. 我国高等教育成本分担的问题及对策研究 [D]. 武汉：湖北大学，2011：8. 孙羽迪. 我国高等教育成本分担及国际比较 [D]. 北京：北京工业大学，2008：9.

③　刘天佐. 高等教育经费筹措与管理新论 [M]. 长沙：湖南人民出版社，2007：28.

育资源配置的有效手段。并且由于个人收益大于社会收益，个人分担高等教育成本比例不能过低。

2. 能力支付原则

能力支付原则即要根据主体分担的能力来确定支付高等教育成本的份额①，所有从教育中直接或间接获得利益的人，都应按其能力大小补偿教育费用。在一定的经济发展水平下，教育成本分担的能力结构取决于财力分配格局，即财力在政府与个人之间的集中与分散程度。所以，财力分配结构决定了社会和个人对教育成本分担的能力结构，从而也决定了各自的成本分担份额。财力分配的集中与分散程度，是由一个国家的分配政策所决定的，主要表现在财力分配中财政集中率的高低。在一定的财力分配格局下，教育成本分担的能力结构还取决于各自的支出水平和支出结构。

目前在我国区域经济发展不平衡现象突出、经济发展水平低的区域，个人成本分担能力普遍不高，即使是在同一区域，农村和城镇人口的收入水平也有很大差距。② 为了保证高等教育的发展，不能把居民对高等教育的需求作为制定学费的唯一依据，按能力支付原则确定成本分担标准应该是比较恰当的选择。因此能力支付原则有助于促进教育公平，是社会公平的内在要求。

利益获得原则与能力支付原则在运用上既相辅相成又相互矛盾。首先这两个原则都需要一部分无子女受教育的人以税收的方式分担受教育者的教育成本。利益获得原则要求只要获得教育利益，无论是否有子女受教育，都要负担教育成本；而根

---

① ［美］布鲁斯·约翰斯通. 论高等教育成本分担 ［M］. 北京：人民教育出版社，2003.

② 孙羽迪. 我国高等教育成本分担及国际比较 ［D］. 北京：北京工业大学，2008：10.

据能力支付原则，有经济能力的人群或团体如果得到教育利益，无论直接还是间接，即使他们没有子女正在接受教育，也要支付成本分担的费用。而矛盾的方面是，按照利益获得原则，高收益者高投入，低收益者低分担。如果没有收益但却有能力分担成本的主体按照收益原则是不需要进行教育投资的；但按照能力支付原则，则需要有能力分担的主体来支付成本。因此上述两条原则不能独立应用，应按照主体的实际情况联系起来全面考虑。[①]

2.3　高等教育成本分担的理论基础

高等教育成本分担理论根植于美国的社会土壤，20 世纪 90 年代初该理论被引入中国，并被广泛应用于教育经济政策实践。由于该理论对于解决高等教育经费不足起到了积极的作用，因而被各国政府及许多学者所接受。成本分担理论的研究主要有以下几个理论基础：

2.3.1　人力资本理论

高等教育成本分担的经济学基础首先要谈论到的必然是人力资本理论。在过去，人们一直把接受教育视为一种消费行为，认为教育是一种非生产性投资，属于社会服务范畴。随着社会经济的进步，知识作为"第一生产力"在各国经济的发展中发挥着越来越重要的作用，人们意识到教育是一种投资行为，教育所带来的成果是一种资本。

---

① 孙羽迪.我国高等教育成本分担及国际比较［D］.北京：北京工业大学，2008：10.

20世纪60年代，诺贝尔经济学奖得主、美国著名经济学家西奥多.w.舒尔茨提出了著名的人力资本理论。该理论认为，人力资本是国家的一种重要生产要素，教育投资提高了劳动生产率，促进了国民收入和经济的增长。在未来由教育形成的人力资本在经济增长中会更多地代替其他生产要素。从而在理论上系统地阐明了由教育投资形成的人力资本对于提高劳动生产率、增加国民收入的重大意义，得出了"高等教育能够给个人带来巨大的个人收益，个人是接受高等教育的最大的受益者"的结论，首次提出教育成本主要是政府拨出的教育经费和私人所付的学费，为高等教育成本分担奠定了理论基础。由于教育使人处理不均衡能力提升，于是社会经济就增长，个人经济收入会增加，而且社会弱势群体也可以通过接受教育来提高个人收入，进而从整体上使社会收入分配相应趋向平等。

2.3.2 教育"准公共产品"理论

美国经济学家萨缪尔森在1954年发表的《公共支出的纯理论》中，提出公共产品理论。公共产品理论按产品或服务是否具有消费上的竞争性和供给上的排他性，将全部社会产品和服务分为私人产品、公共产品和准公共产品。他认为公共产品是这样一种商品，即将该商品的效用扩展到他人的成本为零，无法排除他人参与共享。公共产品最好的例子是国防。王善迈认为公共物品（亦称产品）和劳务是指这些产品和劳务的利益为社会共同享有，而不能为任何一个人单独享有。私人物品和劳务则是指这些物品和劳务的利益只为购买它的消费者个人单独享有，而不产生外在的利益。公共产品是政府无偿向居民提供的各种服务的总称，具有非竞争性和非排他性的特征。因而我们看出公共产品的标准特点是由政府提供，具有效用的不可分割性、消费的非竞争性和受益的非排他性三种特点。而私人产品与之相反，具有效用的分割性和消费与受益的独占性的特点，是由市场提供的。准公共产品则居两者之间，既有公共产品的属性，也有私人产品的属性，由政府与市场共同提供。

从高等教育产品的属性来说，高等教育属于一种"准公共产品"。由于受到招生规模的限制，我国的高等教育每增加一个人接受高等教育就会相应减少其他人消费高等教育的机会，从而具有受益的排他性和竞争性。同时，通过接受这种教育，可以满足个人需求，为个人带来较高的预期和实际收益，在这一点上高等教育提供的服务是私人产品。按照谁受益谁投资的原则，个人应该支付相应的费用。同时高等教育又具有公共性，其消费个人不能独占。每个接受高等教育的人可以同时与其他接受高等教育的人在同一地点接受同样的高等教育，个人的高等教育消费不影响其他人的消费。

此外高等教育满足公共需要，除了个人受益外，国家和用人单位也是大的受益主体，给社会带来一定的收益。按照谁受益谁投资的原则，政府、企业也应该投资于高等教育，为之支付相应的费用。但是高等教育的私人性远大于公共性，高等教育既不是消费上具有完全竞争性和排他性的私人产品，也不是在消费上完全不具有竞争性和排他性的公共产品，而是兼有私人产品和公共产品的成分，属于准公共产品。按照受益支付原则，故政府、企业、个人（受教育者）应共同负担其成本。

2.3.3 教育公平理论

教育公平即人人接受同等数量和质量的教育，是指每个社会成员在享受公共教育资源时受到公正和平等的对待。高等教育公平主要包括接受教育的权利平等和机会均等两个方面。教育权利平等主要指法律上要保证每个公民都有享受同等教育的权利，教育权利平等是政治、经济领域的平等权利在教育领域的延伸；教育机会均等即社会各阶层的成员都有同等接受高等教育的机会。

第一，实行高等教育成本分担有利于促进公共教育资源在全体社会成员中的公平配置。由于中高收入家庭子女进入高等教育的机会大于低收入贫困家庭的学生，政府对高等教育的经费补贴意味着拨款更多地从贫困纳税人家庭向富裕纳税人家庭转移。政府对高等教育补贴程度越高，财富转移得越大，并且公共高等教育资源向高收入家庭倾斜的程度也越高。2005 年，《联合国千年发展目标》中指出，在所有发展中国家，20%收入最高家庭的孩子比 20%收入最低家庭的孩子入学率高 3 倍。实行高等教育成本分担，假设公共教育资源不变，将用于发展高等教育的资源减少的部分转移到其他类型的教育上，政府可以在三级教育中更合理地分配资金，缩小高等教育经费投入与其他级别教育经费投入的差距。从而有利于促进公共教育资源在不同收入水平的群体中的公平分配，满足各阶层对教育的需求。

第二，实行高等教育成本分担有利于促进社会成员收入分配的公平。实行高等教育成本分担有利于扩大高等教育规模，增加接受高等教育的群体，导致从业者和潜在就业者的高学历比例加大，进而使就业劳动力市场的竞争力下降，整体收入水平降低，受教育者的个人收益率下降。因此，高等教育成本分担的实行缩小了社会各级别劳动者的收入差距，促进了社会成员的分配公平。

第三，实行高等教育成本分担有利于增加高等教育机会。假设高等教育公共资源不变，实行成本分担使得个人消耗的高等教育公共资源减少，从而可以增加接受高等教育的人数，这就为扩大高等教育规模提供潜在可能。同时，假设国家教育经费投入是一定的，实行高等教育成本分担可以使高等教育经费总量有所增加，为更多人提供接受高等教育的机会。接受高等教育的人数越多，少数人耗费多数公共教育资源的状况就会越少，从而提高了高等教育机会的公平性。

从前文的分析我们知道，高等教育成本分担的含义是实行高等教育成本分担的理论基石，"利益获得原则"是确定高等教育成本分担主体的理论依据，"能力支付原则"是合理制定高等教育成本分担比例的重要依据。

我国高等教育由精英化逐渐转向大众化，财政收入与 GDP 的比重逐年下降，国家对于高等教育拨款的能力十分有限，免费的高等教育不能带来社会公平。自 1949 年新中国成立后到 1985 年我国颁布的《中共中央关于教育体制改革的决定》之前，从整体上我国高等教育实行的是免费政策。随着教育体制的不断深化改革，学校的办学规模不断扩大，国家财政已经不能完全满足高等教育的日益发展。20 世纪 80 年代中期至 20 世纪 90 年代初，我国高校开始实行过渡性"双轨制"收费政策，是个人分担高等教育成本的过渡时期。1992—1997 年我国经历了高等教育成本分担的推进阶段，1997 年开始全国所有高校基本完成招生并轨和学生缴费上学改革。现如今，我国高等教育开始发展多渠道筹措教育经费，国家、个人、学校及社会都成为高等教育成本分担不可或缺的角色。

采取高等教育收费与学生助学贷款、奖学金方式并行的方法既可以解决低收入子女上学难的问题，又可以促进社会公平，提高教育资源。由于我国处于社会发展和转型期，教育成本分担势在必行，不过，如何分担、分担比例等问题还需要根据国家和高等教育的发展具体情况进行进一步的探讨。

3. 我国高等教育成本分担的情况

在 21 世纪高等教育迅速发展之际，我国高等教育界越来越关注高等教育的改革方向和发展趋势。为了能让我国的高等教育更好地发展，我们应对我国高等教育的发展历史和现状有一个清晰的认识，直面高等教育中的问题，进行深入剖析，提出优化策略，从而推动我国高等教育成本分担机制不断完善，推动我国高等教育进一步发展。

高等学校教育经费指教育经费总投入，包括国家财政性教育经费、社会团体和公民个人办学经费、社会捐赠经费、学费和杂费、其他教育经费。高等教育成本分担是高等教育成本由谁支付以及如何支付的问题，即高等教育成本如何在政府、企业、个人之间合理分担并最终实现的问题。在如今这个重视科学文化发展和教育机构改革的时代，高等教育成本的分担成了一个备受大家关注的话题。随着市场经济体制的确立以及高校的扩招，高等教育存在一些失衡和弊端，这就要求我们继续完善高等教育成本分担机制，消除其负面效应，继续发挥其促进高等教育发展的功能。

3.1　我国高等教育成本分担的发展

为迎接世界知识经济的挑战和推动高等教育更好的发展，我国高等教育界不断尝试完善高等教育成本分担机制。从新中国成立至今，我国高等教育成本分担大致可分为四个阶段。

第一个阶段：完全免费阶段（1949—1978 年）

这一阶段是国家完全承担高等教育成本阶段。在这一时期，我国实行计划经济体制，高等教育实行"统包统分、免费入学、毕业分配"的政策。① 在免交学杂费的同时，学生还可以领取一定的生活补贴及等次不一的助学金。当时的计划经济及高度集中的政治体制使得我国高等教育成本由国家完全承担，并长达近三十年。当时的大学培养塔顶规格的人才，促进了新中国经济的发展。在这一时期高等教育成本由政府提供，这在一定程度上为以后的成本补偿制度的改革和确立带来了思想上的阻力。

第二个阶段：成本补偿制度初显阶段（1978—1984 年）

这一阶段是个人分担高等教育成本试行阶段。十一届三中全会以来，我国经济体制中逐渐引入了市场调节机制。1978 年出现了"收费走读，不包分配"的大学生，这标志着高等教育中首次尝试成本补偿制度。② 1984 年，教育部、国家计委、财政部联合发布《高等学校接受委托培养学生的试行办法》（下文简称《办法》）后，普通高等学校开始招收委托培养的学生。除全民所有制企事业单位外，委培生的录取分数不低于招生学

① 王婷，黄毓哲. 构建和完善我国高等教育成本分担机制的思考 [J]. 价格月刊，2008（3）.

② 崔荣芳，杨海平. 我国高等教育成本分担与补偿制度探析 [J]. 商业时代，2009（36）.

校在当地的最低录取分数线。《办法》中规定："委托单位要负担为其培养的学生所需的基本建设投资和经费。"委培生的经费标准由双方协商决定。此项措施是为了适应社会主义现代化建设的需要，推动高等教育事业加速发展，从而培养数量较多、质量较高、多种规格的各类专门人才，更好地适应经济建设和社会发展对专门人才的实际需要的目的。

第三个阶段：成本补偿制度发展阶段（1984—1992 年）

此阶段是高等教育成本分担改革推进阶段。1985 年，《中共中央关于教育体制改革的决定》中进一步肯定了高等院校招收委培生和自费生的培养模式，明确高校"在执行国家的政策、法令、计划的前提下，高等学校有权在计划外接受委托培养学生和招收自费生"，"可以在计划外收少量自费生，学生应缴纳一定数量的培养费"。1989 年，国家教委、国家物价局和财政部联合颁布文件《关于普通高等学校收取学杂费和住宿费的规定》，宣布"从 1989 学年度开始，对新入学的本、专科学生实行收取学杂费制度"，"杂费、住宿费具体标准由各省、自治区、直辖市教育、物价和财政部门，根据本地经济发展水平、群众的收入水平和经济承受能力以及学校条件等实际情况研究确定"。当年全国大部分高校开始收取每年 100～300 元的学费。[①]1990 年，国家教委会同原人事部等部委发布了《普通高等学校招收自费生暂行规定》，明确提出"普通高等学校招收自费生计划是国家招生计划的一部分"，并将自费生定义为"普通高等学校按招生规定录取并由本人缴纳培养费、学杂费，毕业后可以由学校推荐就业，也可以自谋职业的学生"。这一系列政策性文件的出台，使教育成本补偿制度得到了国家层面的明确肯定，

[①] 范莉莉. 中国高等教育收费制度改革五十年［J］. 价格月刊，2005
（4）.

高等教育成本补偿制度基本成形，普通高等学校招生与毕业生就业的"双轨制"配套制度也开始确立起来。[①]

第四个阶段：成本补偿制度完善阶段（1992年至今）

此阶段也就是目前高等教育成本分担多渠道发展阶段。1992年6月，国家教委、财政部、国家物价局发布的《关于进一步改革和完善普通高等学校收费制度的通知》指出，"由于我国地域辽阔，各地经济发展很不平衡，全国制定统一的普通高等学校收费标准和办法，已不能适应改革开放的新形势和各地各校的具体情况"，所以"普通高等学校可根据本地区、本校和学科特点研究拟定学杂费、住宿费、委托培养费"。文件发布后，全国高校开始大幅度地进行成本补偿制度的改革，学杂费占高等教育成本的比例大幅度上升，由1992年的4.34%跃升为1993年的12.12%。[②] 从1993年开始，部分高校出于教育公平的考虑，开始进行招生并轨和缴费上学的尝试，即取消国家任务招生计划和市场招生计划，采用统一的计划形式招生；与此同时，对所有被录取的学生实行收费上学。

3.2　我国高等教育成本分担的现状

3.2.1　近年我国教育投资水平

根据《中华人民共和国教育法》规定："国家财政性教育经费支出占国民生产总值的比例应当随着国民经济的发展和财政

---

① 孙步凌. 我国高校招生就业体制的历史演变探析 [J]. 中国成人教育，2010（1）.

② 崔荣芳，杨海平. 我国高等教育成本分担与补偿制度探析 [J]. 商业时代，2009（36）.

收入的增长逐步提高。全国各级财政支出总额中教育经费所占比例应当随着国民经济的发展逐步提高。"1993 年发布《中国教育改革和发展纲要》时，提出的国家财政性教育经费的支出在 20 世纪末占 GDP 的比例应该达到 4%。这个目标直到 2011 年才基本达到，见表 3-1。

表 3-1 2007—2011 年国家财政性教育经费与 GDP 的情况

单位：万元

年份	2007	2008	2009	2010	2011
国内生产总值	2 658 103 100	3 140 454 300	3 409 028 100	4 015 128 000	4 731 040 500
国家财政性教育经费	82 802 142	104 496 296	122 310 935	146 700 670	185 867 009
比例（%）	3.12	3.33	3.59	3.65	3.93

数据来源：中华人民共和国统计局，国家数据。

按国际惯例，高等教育占教育投入的 20%。从表 3-2 中数据可见，2007—2011 年，我国政府对高等教育的投资力度比其他各级教育的投资力度都要大且已接近 30%，可见政府非常重视高等教育的投资。

表 3-2 2007—2011 年我国高校教育经费占全国教育经费的比重

单位：万元

年份	全国教育经费	高等教育经费	比重（%）
2007	121 480 663	36 341 851	29.92
2008	145 007 374	42 102 369	29.03
2009	165 027 065	46 450 089	28.15
2010	195 618 471	54 978 649	28.11
2011	238 692 936	68 802 316	28.82

数据来源：中华人民共和国统计局，国家数据。

3.2.2 近年我国普通高校经费来源

从表3-3中数据可以看出，我国普通高等学校办学经费来源主要包括政府拨款、社会捐赠、学杂费、社会团体或个人办学投入以及其他经费。

自2007年起连续5年，政府对高等学校的财政拨款在总量上不断扩大，增至4 023.50亿元，增加了2.5倍；社会捐赠经费也增加了1.6倍，达到了43.19亿元；社会团体或个人办学投入部分增幅不算太大，一直维持在30余亿元；学杂费总额增加到18 121.1亿元，增加了1.5倍；其他办学经费包括校办企业、社会服务、培训办班等收入，5年来有一定的增幅。

表3-3　2007—2011年我国普通高等学校教育经费情况

单位：万元

年份	2007	2008	2009	2010	2011
国家财政性教育经费	15 983 187	20 035 116	22 645 083	29 018 026	40 234 989
其中:公共财政预算	15 543 042	19 446 804	21 912 629	27 188 006	37 632 641
民办学校中举办者投入	318 788	301 687	330 962	269 647	332 915
社会捐赠经费	271 809	286 343	261 761	296 357	431 870
事业收入	16 987 027	18 644 142	20 188 915	22 165 552	24 007 176
其中：学杂费	12 231 914	14 181 277	15 403 469	16 760 756	18 121 026
其他办学经费	2 781 040	2 835 082	3 023 369	3 229 068	3 795 366
合计	36 341 851	42 102 369	46 450 089	54 978 649	68 802 316

数据来源：中华人民共和国统计局，统计年鉴。

总体来看，我国高等教育成本主要是由政府、社会、家庭及个人分担，其中，政府依旧是高等教育办学经费的主体。

3.2.3 我国普通高等教育成本分担的主体分析

从新中国成立到现在，我国高等教育走过了一条从国家负担全部费用加助学金的高等教育成本分担体制，过渡到主要由国家和个人分担高等教育费用的学费加奖助贷学的新体制道路。

1. 政府

政府对高等教育的投入是财政预算内教育经费拨款。财政预算内教育经费是指中央、地方各级财政或上级主管部门在本年度内安排，并划拨到教育部门和其他部门主办的各级各类学校、教育事业单位，列入国家预算支出科目的教育经费，包括教育事业费拨款、科研经费拨款、基建拨款以及其他经费拨款。

自1998年扩招以来，我国高等学校的财政预算内教育经费在总量上不断扩大，从1998年的356.75亿元上升到2006年的4 023.50亿元。但是，财政预算内教育经费占总收入的比重却呈不断下降趋势，见表3-4。该比重从1998年的64.94%下降到2011年的58.48%；2006年下降的幅度最大，达到22.08个百分点。财政预算内教育经费占总收入的比重下降，使得高校不得不寻求财政拨款以外的渠道来筹集办学资金。

表3-4　　　1998—2011年我国普通高等教育
国家财政性教育经费投入情况　　单位：万元

年份	1998	2006	2010	2011
经费总额	5 493 394	29 388 769	54 978 649	68 802 316
国家财政性教育经费	3 567 538	12 595 712	29 018 026	40 234 989
	64.94%	42.86%	52.78%	58.48%
其中：公共财政预算	3 350 701	12 074 842	27 188 006	37 632 641
	61.00%	41.09%	49.45%	54.70%

数据来源：中华人民共和国统计局，各年度统计年鉴。

2. 社会

社会捐赠是高等教育经费筹措的重要渠道。但在我国，社会捐赠在高等教育经费中的比重一直处于比较低的水平。虽然近年来我国许多高校开始重视来自社会及其个人的捐集资,建立了接受、管理和监督的社会捐赠和私人捐赠的机构,捐集资收入开始有所增加,2011年达到了43亿元。但是捐集资占高等教育经费的比例却一直呈现下降的趋势。1998年我国捐赠收入仅占经费总额的2.09%,但这一比重一直下滑,2011年仅为0.63%,见图3-5。

表3-5　1998—2011年我国普通高等教育社会捐赠经费情况

单位:万元

年份	1998	2006	2010	2011
经费总额	5 493 394	29 388 769	54 978 649	68 802 316
社会捐赠经费	114 640	193 315	296 357	431 870
	2.09%	0.66%	0.54%	0.63%

数据来源:中华人民共和国统计局,各年度统计年鉴。

3. 学生及家长

1997年全国范围内高等学校普遍并轨,我国高等教育开始实施全面收费制度,1999年全国范围内大幅度提高学费数额。从政府包揽投资的单一财政拨款体制转变为"以财政拨款为主,其他多种渠道筹措教育经费为辅"的体制。我国普通高等学校经费收入中,学杂费所占比重不断上升,由1998年的13%,上升到2010年的30.49%,2011年有所下降,回落至26.34%,见表3-6。我国普通高等教育成本中,由学生及其家长自己"买单"的部分越来越多,已经超过了社会大多数人所能够承担的心理极限,使得高等教育成为与医疗、房价并列的社会"三座大山"之一。[①]

---

① 谭群芳,唐鑫. 我国高等教育成本分担研究 [J]. 文艺生活,2011 (1).

表3-6　1998—2011年我国普通高等教育学杂费收入情况

单位：万元

年份	1998	2006	2010	2011
经费总额	5 493 394	29 388 769	54 978 649	68 802 316
学杂费	731 134	8 575 028	16 760 756	18 121 026
	13.31%	29.18%	30.49%	26.34%

数据来源：中华人民共和国统计局，各年度统计年鉴。

学费的增长必然给家庭带来相关教育支出的增长，而家庭教育支出的增长必然影响到学生家庭的生活。表3-7中的数据反映，2007—2011年，我国农村居民家庭人均可支配收入是低于高等教育生均学杂费的，也就是说农村地区个人纯收入还不够支持一个大学生一年的学杂费。城市居民的情况虽然稍好一些，但若在学杂费的基础上再加上住宿费、生活费等开支，对城市居民来说也是一笔很大的开支，超过了城镇居民家庭人均可支配收入的一半。如果高等教育的学费继续上涨，那么对于很多家庭来讲是一笔不小的沉重负担，特别对于农村地区的家庭来说，这笔费用超出了其经济承受能力，对高等教育机会公平性产生了不良影响。

表3-7　　　　　2007—2011年我国城乡居民家庭
高等教育费用支付能力

年份	全国普通高等学校学杂费收入（万元）	全国普通高等学校在校生人数（人）	全国普通高等学校生均学杂费（元）	家庭人均可支配收入	
				城镇居民（元）	农村居民（元）
2007	12 231 914	18 848 954	6 489.44	13 785.8	4 140.4
2008	14 181 277	20 210 249	7 016.87	15 780.8	4 760.6
2009	15 403 469	21 446 570	7 182.25	17 174.7	5 153.2

表3-7（续）

年份	全国普通高等学校学杂费收入（万元）	全国普通高等学校在校生人数（人）	全国普通高等学校生均学杂费（元）	家庭人均可支配收入	
				城镇居民（元）	农村居民（元）
2010	16 760 756	22 317 929	7 510.00	19 109.4	5 919.0
2011	18 121 026	23 085 078	7 849.67	21 809.8	6 977.3

数据来源：中华人民共和国统计局《2012年统计年鉴》中全国普通高等学校生均学杂费由学杂费总收入及在校生总人数计算得出。

4. 高校

高校聚集了大量的科研人员，具备完善的科学设备，无论"软件"还是"硬件"都具有得天独厚的优势。因此，除了来自政府、社会、学生及家长的经费以外，高校还有科研经费、校办产业和社会服务收入等经费来源。

（1）科研经费

高校里的教师除了教学活动外，还开展了许多的科研活动。其申报的课题、所带领的项目团队、研究的科研项目都有一定的经费支持，而且逐年有所增长。表3-8中数据显示，政府和企业2008年分别投入225.5亿元和134.9亿元用于高校科技研发，到2012年科研经费增长了大约1倍，达到了474.1亿元和260.5亿元。

另外，科技活动产生的成果也能直接或间接地创造经济效益，也能为高校带来收益。

表3-8　　　　　　　高等学校科技活动情况

年份	2008	2009	2010	2011	2012
高等学校数量（个）	2 263	2 305	2 358	2 409	2 442

表3-8(续)

年份	2008	2009	2010	2011	2012
高等学校科研（R&D）机构（个）	5 159	6 082	7 833	8 630	9 225
科研（R&D）经费支出（亿元）	390.2	468.2	597.3	688.8	780.6
1. 政府资金	225.5	262.2	358.8	405.1	474.1
2. 企业资金	134.9	171.7	198.5	242.9	260.5
科研（R&D）项目（课题）情况					
科研（R&D）项目（课题）数（项）	429 096	476 708	547 717	604 107	657 027
科研（R&D）项目（课题）经费支出（亿元）	323.2	363.5	467.0	535.3	607.3
科技产出及成果情况					
发表科技论文（篇）	964 877	1 016 345	1 062 512	1 109 965	1 117 742
出版科技著作（种）	37 541	40 919	38 101	37 472	38 760
专利申请受理数（件）	40 610	56 641	72 744	95 592	113 430

数据来源：中华人民共和国统计局《2013年统计年鉴》。

（2）校办产业

现在有些高校开始产业化，建立了自己的高校产业或者同其他高新技术企业、公司合作，如清华紫光、北大方正等。这些校办企业或者股份公司为高校和社会都带来了巨大的回报。

（3）社会服务收入

许多高校还举办了各种各样的补习班、培训班、进修班，甚至还设立了工商管理硕士（MBA）、公共管理硕士（MPA）、高级管理人员工商管理硕士（EMBA）等高端课程，有偿的教育服务也逐步成了高校创收的重要途径。

虽然高校利用自身条件有一定的教育经费收入，但是因为高等教育机构是非营利性质的，所以高校在高等教育成本分担的主体地位不是十分明显，这部分经费的占比也是逐年下降的，见表3-9。

表3-9　1998—2011年我国普通高等教育其他经费情况

单位：万元

年份	1998	2006	2010	2011
经费总额	5 493 394	29 388 769	54 978 649	68 802 316
其他经费	1 064 505	2 032 778	3 229 068	3 795 366
	19.38%	6.92%	5.87%	5.52%

数据来源：中华人民共和国统计局，各年度统计年鉴。

4. 国外高等教育成本分担机制研究

20世纪80年代以来，高等教育规模的扩张和高等教育成本的提高使全球各个国家财政不堪重负，出现了世界性的高等教育财政危机。即使是在实行了多年免费教育的欧洲，虽然面临学生和政治左派的强烈反对，鉴于政府财政收入缩减的事实，荷兰、葡萄牙、英国（1998年）以及奥地利（2001年）等国相继迈出了实行成本分担的第一步。国外高等教育成本分担机制实践模式给我国实施成本分担带来了一定的启示。

4.1 国外高等教育成本分担机制实践模式

4.1.1 美国

美国是世界高等教育最发达的国家，早在20世纪中期就走入了大众化的阶段。美国多元化筹措高等教育经费的格局被西方国家称为典型模式。政府拨款、学费、科研经费、专利收入、销售与服务收入、捐赠及其他收入等是美国筹措高等教育经费的主要渠道。

1. 美国私立高校的基本情况

根据美国教育部国家教育统计中心（NCES）的统计，至2010年，美国拥有私立授予学位高校2 943所，见表4-1，占全美授予学位高校总数4 599所的64%；在校生人数为587.33万人，占全美授予学位高校在校生总人数的27.95%。① 在接下来的研究中，课题组选取了私立营利性高校为主要的研究对象。

表4-1　　　　　　　　美国私立高校情况

学校性质	学校数（所）	在校生总人数（万）	占全美私立高校在校生总人数的比例（%）
私立非营利性高校	1 630	385.49	65.63
私立营利性高校	1 313	201.84	34.37
合计	2 943	587.33	

数据来源：美国教育部国家教育统计中心（NCES）。

2. 美国私立高校的学费和食宿费情况

20世纪80年代的美国，无论是公立大学还是私立大学，学费年均都以两位数在增长，公立大学达到了12.2%，私立大学的学费年均增长更快，达到了16.0%。到了20世纪90年代，公、私立大学的学费年均增长速度都有不同程度的回落，公立大学为8.85%，与20世纪80年代相比下降了3.35%，私立大学增长更慢，为6.80%，与20世纪80年代相比下降了9.20%。进入21世纪之后，公、私立大学的学费增长率则趋于稳定。

大学新闻刊物 *Campus Grotto* 每年都提供美国最昂贵院校的年度排名。根据其发布的报告，2012—2013年，排名前10位的学校所需总费用均超过了55 000美元（约345 000元人民币），

① THOMAS D S, DILLOW S A. Digest of Education Statistics 2011 ［Z］. Washingtong：U. S. Department of Education，2012.

见表 4-2。

排名数据中，总花费指的是学费、杂费和食宿费的总和。名单上排名第一的学校总费用首度超过了 60 000 美元（约 376 000 元人民币）。

表 4-2　2012—2013 年度美国私立大学学费排行榜

单位：美元

排名	学校	总费用	学费	食宿费	其他费用
1	萨拉·劳伦斯学院（Sarah Lawrence College）	61 236	45 900	14 312	1 024
2	纽约大学（New York University）	59 837	40 878	16 133	2 826
3	哈维姆德学院（Harvey Mudd College）	58 913	—	—	—
4	哥伦比亚大学（Columbia University）	58 742	45 028	11 496	2 218
5	卫斯理大学（Wesleyan University）	58 202	45 358	12 574	270
6	克莱尔蒙特.麦肯纳学院（Claremont McKenna College）	58 065	43 840	13 980	245
7	达特茅斯学院（Dartmouth College）	57 996	43 782	12 954	1 260
8	德雷克赛尔大学（Drexel University）	57 975	41 500	14 175	2 300
9	芝加哥大学（University of Chicago）	57 711	43 581	13 137	993
10	巴德学院（Bard College）	57 580	44 176	12 782	622

资料来源：大学新闻刊物 Campus Grotto。

Campus Grotto 在最终统计中只包括了必需的费用，如学生活动和设施的费用等。它的统计也只涉及了传统的四年制本科大学，名单中不包括任何专科院校或音乐学院。

3. 美国私立高校经费筹措的主要渠道

美国私立高等教育之所以发达，影响因素固然有很多，但与其多元化筹措办学经费，合理地分担教育成本不无直接关系。概括而言，美国私立高校的经费筹措渠道主要有学费收入、政府资助（包括联邦、州、地方三级政府）、社会捐赠、服务收入四大类。

（1）学费收入

学杂费是美国高等教育经费的重要来源，特别是对于私立高校，学杂费在高校收入里的比重基本上占到85%以上，详见表4-3。

表4-3　　美国私立营利性高校学杂费收入
及其所占教育经费总收入　　单位：万美元

年份	教育经费总收入	学杂费收入	比重（%）
2005—2006	1 258 655.3	1 101 678.0	87.53
2006—2007	1 397 821.8	1 232 985.4	88.21
2007—2008	1 608 378.4	1 402 995.8	87.23
2008—2009	1 937 377.9	1 674 004.1	86.41
2009—2010	2 468 482.9	2 237 405.0	90.64

数据来源：2007—2011年美国教育部的 Digest of Education Statistics。

（2）政府资助

美国高等教育的政府投入主要来自联邦、州、地方三级政府。现代美国高等教育体系是建立在以国家投资为主体的经济基础之上的，虽然近年来美国政府对高校拨款一再削减，但在大学经费来源中仍占据重要地位，不论是公立学校还是私立学校，每年都从政府接收到大量的财政拨款。另外，由于美国的教育权限在州和地方，所以州政府对于自己管辖的私立大学和公立大学也都有资助责任。当然，相比公立大学而言，私立大学从州政府得到的资助是很有限的，见表4-4。

表4-4 美国私立营利性高校政府公共财政性教育经费收入

单位：万美元

年份	公共财政性教育经费		联邦政府公共财政性教育经费		州及当地政府公共财政性经费	
	金额	比重（%）	金额	比重（%）	金额	比重（%）
2005—2006	86 655.2	6.88	79 954.4	6.35	6 700.8	0.53
2006—2007	9 594.6	5.69	72 600.2	5.19	6 994.4	0.50
2007—2008	102 491.0	6.39	95 968.4	5.97	6 792.6	0.42
2008—2009	153 799.3	7.94	140 761.5	7.27	13 037.8	0.67
2009—2010	206 527.7	8.36	195 120.2	7.90	11 407.5	0.46

数据来源：2007—2011年美国教育部的 Digest of Education Statistics。

（3）社会捐赠

企业和民间组织对美国高等教育经费投入的重要举措就是捐赠。捐赠形式有现金捐赠、证券捐赠、不动资产和有形资产的捐赠、延展捐赠、寿险捐赠和信托捐赠等。捐赠给高校带来的经费收入有效缓解了美国高等教育经费紧张的局面，见表4-5。据美国媒体报道，美国大学在2013年所获的捐款同比上涨9%，创下338亿美元的新纪录，其中斯坦福大学十年来稳居获赠捐款的榜首，而世界最富有的哈佛大学名列第二。

表4-5 美私立营利性高校私人捐赠、助学金与合同款项收入

单位：万美元

年份	教育经费总收入	私人捐赠、助学金及合同款项	
		金额	比重（%）
2005—2006	15 274 466.5	410.8	0.03

表4-5(续)

年份	教育经费总收入	私人捐赠、助学金及合同款项	
		金额	比重（%）
2006—2007	18 238 127.5	371.5	0.03
2007—2008	13 925 085.7	475.5	0.03
2008—2009	6 906 432.9	8 034.5	0.415
2009—2010	16 868 924.2	3 829.9	0.16

数据来源：2007—2011 年美国教育部的 Digest of Education Statistics。

（4）服务收入

与美国高校教育活动有关的销售与服务也为高校带来收入，例如参考资料的销售、相关的考试服务或者影片租赁等。另外就是美国对留学生的招生，据统计，过去20年里美国高等学校中的外国学生人数增加了三倍。留学生人数的剧增，为美国高等学校带来了可观的经济收入，已经逐渐成为美国高校扩大收入的重要来源。附属医院也是美国高校的辅助产业，其创收也在美国高校经费来源中的地位越来越突出。20 世纪以来，附属医院在美国高校经费中的比重一直维持在9.2%左右，平均占美国高校销售与服务来源的比重为43%。

表 4-6　美国私立营利性高校分担的高等教育成本

单位：万美元

年份	高校分担的高等教育成本	占美国当学年私立营利性高校教育经费总收入的比例（%）
2005—2006	50 949.4	4.05%
2007—2008	70 638.8	4.39%
2009—2010	96 085.0	3.89%

数据来源：2007—2011 年美国教育部的 Digest of Education Statistics。

据统计,美国私立营利性高校在2005—2006学年分担的高等教育成本为50 949.4万美元。其中:投资回报为4 396.2万美元,教育活动为19 509.9万美元,附属企业为27 043.3万美元。2007—2008学年,投资回报为6 484.8万美元、教育活动为28 964万美元,附属企业为35 190万美元,私立营利性高校分担的高等教育成本上升到70 638.8万美元,比2005—2006学年增加了19 689.4万美元,增幅为36.65%,见表4-6。

4. 美国高等教育成本分担的补偿机制

(1) 学生贷款及资助项目

虽然美国高校对学生收取了较高的学费,但是美国联邦政府、各州政府及高校本身提供有各种各样的学生贷款及资助项目。无论是私立大学还是公立大学的学生只要符合要求都可以享受。公立学校的学费低于私立学校,但私立学校得到的资助远高于公立学校。私立学校有82%的学生获得奖学金,89%的私立学校有82%的学生获得奖学金,89%的学生获得助学金,也就是说能够同时获得两项的有82%的学生。

从资助性质上看,可分为助学金、贷学金、校园工读和奖学金四类。其中最有名的是斯坦福贷款、佩尔奖学金、大学生家长贷款、补助教育机会奖学金等。

银行也可为在校学生提供贷款,同时在美国打工的机会也多,基本上可以解决学生费用问题。

可见,美国高等教育费用虽高,但学生的实际负担却比较轻,主要是美国政府在费用分担中发挥着主要作用。

(2) 美国高校收费的差别性

第一,不同所有制大学收费差别较大。据美国大学理事会公布的最新资料表明,四年制公立高校2004—2005年平均学费为5 132美元,而四年制私立高校同年平均学费为20 082美元。

第二,不同层次高校收费存在差别。如同为私立大学并同处于波士顿的哈佛大学和麻省理工学院，都属于美国最著名的私立大学，2004—2005年度全日制本科生学费分别为27 448美元和30 800美元；而同样位于波士顿的私立萨福克大学（Suffolk University）因为排名不及前两者，同期学费为19 790美元。

第三，不同学科专业之间也存在差别。由于不同学科专业其培养成本和学生毕业后预期的收入存在很大差异，美国高校热门专业的收费一般高于其他专业。以耶鲁大学2004—2005学年的学费为例，森林和环境学院为23 850美元，法学院为36 490美元，商学院的MBA学费为35 600美元，加上杂费则高达64 100美元。

第四，依据家庭收入水平确定不同的学费标准。美国把家庭分为低收入家庭、中等收入家庭和高收入家庭。学费与家庭收入呈正相关关系。2001年，年收入低于16 200美元的为低收入家庭，16 200~75 100美元的为中等收入家庭，高于75 100美元的为高收入家庭。1999—2000年度私立四年制研究型大学的低、中、高收入家庭的子女其平均学费分别为18 283美元、19 499美元和20 585美元。

（3）鼓励捐赠

美国高等教育捐赠的历史悠久，其第一所大学哈佛学院的建校资金就来自私人和教会的捐赠。除了这些因私人捐赠建立的学校外，美国现在还有4 500个基金会从事推动教育发展的捐赠活动。其中最著名的有卡耐基基金委员会、乔治匹巴教育基金会等。

为鼓励社会方方面面对大学进行捐赠，美国政府提出免税的优惠政策。进入到20世纪90年代以后，社会各方对大学的捐赠数额、实施手段以及涉及的学校范围达到了前所未有的高度。作为美国高校经费的稳定来源，捐赠收入成为与政府、学费相并列的美国高校经费的重要来源。据统计，从 1985—1995 年，短短十年时间，美国高校捐赠收入就增长了 114.2%。特别是在私立高校，捐赠收入的比例达到其教育经费构成的 13% 以上，比例很大。并且私立学校的知名度越高，高校获得的捐赠数额就越大。

根据国家大学与学院商业机构协会（National Association of College and University Business Officers）所报告的数据，笔者总结出全美 10 大获得捐赠最多的私立大学，详见表 4-7。

表 4-7　　　　　美国十大获得捐赠最多的私立大学

单位：亿美元

排名	学校	获捐赠金额
1	哈佛大学（Harvard University）	365
2	耶鲁大学（Yale University）	229
3	斯坦福大学（Stanford University）	171
4	普林斯顿大学（Princeton University）	163
5	麻省理工学院（Massachusetts Institute of Technology）	100
6	西北大学（Northwestern University）	72
7	哥伦比亚大学（Columbia University）	71
8	芝加哥大学（University of Chicago）	66
9	宾夕法尼亚大学（University of Pennsylvania）	62
10	圣母大学（University of Notre Dame）	62

资料来源：National Association of College and University Business Officers 报告。

（4）政府向大学下放科研项目及经费

美国政府常采用合同的方式把国家科研下放给大学，称为"合同制联邦主义"。这些科研经费大部分都经过美国国家科学基金会、国家卫生基金会、国防部高科技组织、海军研究办公室等提供给项目，下放到大学及其实验室。然后各大学通过竞争的方式，取得研究项目。这样一来，既可以提高美国科研技术的发展，同时还可以提高高校的基础设施建设以及教学科研设备的制备等。美国高等学校利用科研和专利筹措资金已成为一种普遍做法。

4.1.2 澳大利亚

1. 澳大利亚大学的基本情况

澳大利亚共有 42 所大学，其中 39 所公立大学，3 所私立大学。这三年私立大学分别是巴拉瑞特大学（University of Ballarat）、邦德大学（Bond University）、墨尔本私立大学（Melbourne University Private）。它们都被中国教育部所承认。

澳大利亚在 1973 年以前是实行大学收费政策的，不过，绝大部分学生可以获得学术奖学金而免于付费，所以澳大利亚在这个时期其高等教育经费基本依赖政府的投资，个人分担比例极小。

1973 年，当时的政府取消了本科生上大学缴学费的规定。这项重大政策的目的是招收更多的学生，给学生提供更多的上学和参与的机会。因此，一直到 20 世纪 90 年代，大学的人数有较大规模的增长。

1989 年，一方面大学要招收更多的学生，另一方面，大批招生导致教育经费支出增加，由于越来越多的老龄人口出现，政府投到卫生和福利方面的资金不断地增多，因此政府难以负担这项教育开支。于是澳大利亚联邦政府开始实施"高等教育贡献计划"，规定所有学生都要付费来接受高等教育。

由于在高等教育成本分担上所采取的策略与其他国家不同，课题组重点关注在澳大利亚所实施的"高等教育贡献计划"。

2. 高等教育贡献计划的主要内容及实施情况

澳洲高校的学生分为国内学生和海外学生。国内学生包括澳大利亚公民、新西兰公民和具有澳洲永久居民权的学生。其余均为海外学生。根据学费支付情况，又可将学生分为联邦支持学费学生和全额付费学生。高等教育成本分担计划只针对联邦政府支持学费学生。

高等教育贡献计划规定高等学校学生一律实行缴费上学制度，一次交清四年学费者，可享受 15%~25% 的优惠；若学生不愿缴纳学费或没有能力缴清，则先由政府向学生提供贴息贷款，等学生毕业后找到工作有收入时再偿还，学费的偿还率与学生就业薪金紧密相关。

自 1989 年实施以来，高等教育贡献计划在澳大利亚高等教育机会的可持续增长方面取得了显著成绩。

一方面，许多人利用无息贷款实现了接受高等教育的梦想。来自澳大利亚税务局的数据显示，截至 2003 年 9 月，已经有 170 万名学生通过高等教育贡献计划获得帮助进入大学学习，而且 2003 年学生通过高等教育贡献计划支付的经费金额多达 117.7 亿澳元，占联邦政府高等教育经费的 20%，而在 1995 年只有 49 亿澳元，70.8 万名贷款使用者。而且，已经有 60 多万人还清贷款，总额达 40 亿澳元。在过去二十多年中，澳大利亚拥有大学学历资格的人数占总人口的比例也由 10% 上升到 18%。

另一方面，高等教育贡献计划减少了政府的公用经费开支，增加了政府的收益。相关数据显示，政府在 1997 年曾对大学教育投入了 53 亿澳元，之后通过税收的形式从毕业生那里获得了 80 亿澳元的额外收入。这就意味着政府从高等教育投入中获得的平均收益率为 11%。

高等教育贡献计划把收费和资助建立在有效促进发展与公平的目标之上，从经济上保障社会的整体发展并使每个人获得应有的社会公平，通过高等教育贡献计划提供的贷款，使最贫困者也有能力接受高等教育，并让他们获得向上流动的机会，这是历史的一大进步。

3. 高等教育贡献计划的作用

高等教育贡献计划使得澳大利亚高等教育在财政紧缺的情况下还能持续扩大规模，这对于我国人口众多、高等教育压力大的情况是有很大的借鉴意义的。高等教育贡献计划的作用主要体现在以下两个方面：

（1）重新调整高等教育成本分担格局

高等教育贡献计划将政府分担的大部分教育成本转移到学生身上，形成以政府和学生为主的分担格局。从表4-8可知，澳大利亚高等教育成本分担实际上主要由政府和学生分担，占总成本支出的80%以上。

表4-8　2000—2004年澳大利亚大学的经费来源情况　　单位:%

年份	2000	2001	2002	2003	2004
政府拨款	47	46	44	43	43
学杂费	18	20	22	24	24
高等教育贡献计划	17	17	16	16	15
其他收入	18	17	18	17	18

资料来源：澳大利亚校长委员会（AVCC）。

（2）构建了学生分担高等教育成本的资助体系

高等教育贡献计划根据个人的支付能力来选择支付方式，这也就意味着避免了学生因无法提前支付学费而不能进入大学的可能性。学生可以延缓付款，直到他们的可纳税收入超过最低还款门槛时才需要偿还欠款。

根据高等教育贡献计划，学生所缴费用只占高等教育成本的1/4，其余的3/4则由澳大利亚联邦政府承担。对于这部分如果学

生能够一次性缴付全部或至少 500 澳元的学费，他们将获得 15%
的折扣。如申请助学贷款，政府将直接代表学生向其就读的学校
支付学费，学生毕业后收入达到还贷标准时由税务部门从其收入
中扣除。当然，为保证学生毕业后的生活质量，政府规定了还款
门槛，最初还款门槛是 24 365 澳元，即只有当其年收入超过
24 365 澳元时，才会从其收入中扣除借款。如果能够证明偿还债
务会引发财政危机，贷款人还可以延长还款期限。当然也可以采
用每年定期自愿偿还的方式，对自愿偿还金额超过 500 澳元的人，
可以给予还款额 15% 的奖金。高等教育成本分担计划的债务因死
亡而废止，已故人的家属和受益者不需要偿还剩余债务。高等教
育成本分担计划提供的贷款都是无息贷款，每年会随消费者物价
指数的变化进行相应调整，以保证实际价值。

4.1.3　英国

欧洲大多数国家的高等教育都是以公立高校为主的，其主
流观点是高等教育成本费用应该由国家全部负担，而不应由学
生及其家长支付。因此，大学经费的主要来源是政府拨款。

1. 英国大学的基本情况

英国一共有 120 多所大学，除了 2 所私立大学，一所是白金
汉大学（University of Buckingham），另一所是 BPP 大学学院
（BPP University College），其他的 120 多所大学全部都是公立的。

传统的英国高等教育是典型的由国家财政支持、学生享受
免费教育的精英高等教育体制。在 1997 年工党上台执政以前，
英国的所有学校都是免费教育，包括大学、中学和小学。从 20
世纪 90 年代末起，英国政府开始从市场角度，考虑高等教育的
经费问题，1998 年始在各高等院校实行高等教育成本分担。

2. 英国高等教育的经费来源

英国高等教育的经费来源除政府拨款、学生学费外，还通

过其他途径如海外学生学费、社会筹资、校友捐款等筹集部分资金，从而形成了以政府为主、个人为辅、社会参与的高等教育成本分担模式，见表4-9。

表4-9　　　2001—2005年英国高等教育经费来源表　　单位：英镑

年份	2001	2002	2003	2004	2005
总收入	13 493 919	14 500 299	15 561 971	16 896 211	17 993 162
拨款委员会拨款	5 355 777	5 700 651	6 054 559	6 522 935	6 967 346
学术费用和支持性拨款	3 048 579	3 342 274	3 743 094	4 094 019	4 335 652
科研拨款和合同收入	2 207 228	2 432 666	2 595 445	2 724 924	2 883 900
其他业务性收入	2 589 948	2 773 968	2 938 382	3 312 624	3 506 749
捐赠和利息收入	292 387	250 740	230 491	241 709	2 995 151

数据来源：根据英国高等教育统计署数据整理，http：//www. hesa. ac. uk/holisdocs/pub info/stud. htm。

3. 英国高等教育成本分担的补偿机制

（1）学费政策

虽然实行了教育成本分担，但从表4-9中的数据可以看出，英国政府依然承担了大部分的高等教育费用，个人只用承担很少的一部分。而针对个人部分，英国政府也制订了相应的补偿措施。具体内容是：在以前按学生家庭收入情况收取大学学费的基础上，将大学的收费标准具体划分为依赖家长和独立生活两类，而依赖家长的情况根据家庭年收入分为免收学费、需交部分学费和需交全部学费几种标准，然后再具体制定需交学费的金额，见表4-10。

表 4-10　英国对依靠家长资助的大学生的收费标准

学年	免收学费的家庭年收入标准	需交部分学费的家庭年收入标准	需交全部学费的家庭年收入标准
2004—2005	21 475 英镑以下	21 475~31 972 英镑	31 972 英镑
2005—2006	22 010 英镑以下	22 010~32 744 英镑	32 744 英镑

数据来源：Currently in Higher Education? http：//www. dfes. gov. uk/student-support/students/support/students/cur_ currently_ in_ he. shtml。

（2）补助政策

在收费的同时，英国政府实行了按家庭收入情况给予补助的政策。家庭年收入低于 15 200 英镑者，每年可以得到全额 1 000英镑的补助，而得到全额补助的大学生大概占全体在校生的 30%；家庭年收入在 15 201~21 185 英镑者每年可以得到部分的补助，得到部分补助的大学生大概占全体在校生的 10%。从 2006 年起对于来自低收入家庭的全日制新生，政府将重新实行生活维持补助制度，最高金额为 2 700 英镑，约有 50%以上的全日制学生得到了这项补助。

（3）贷款政策

虽然英国的学费高昂，但学生可以通过学费贷款、生活费贷款、助学金和国家奖学金来缓解进入高校学习的压力，贷款的利率和还款期限数额也分为各种不同的情况。同时，英国政府选择税务局作为学生助学贷款的回收机构，并通过全国的税收网络来跟踪贷款学生，学生毕业后年收入达到 10 000 英镑时才开始偿还贷款，每周需偿还的金额要依据学生的具体收入而定。

4.1.4　日本

1. 日本私立高校的基本情况

日本是一个以私立高等教育为主的国家，截至 2006 年，日本共有 744 所大学，其中国立大学 87 所，公立大学 89 所，私立大学 568 所，见表 4-11。

表 4-11　　　　　　　日本的大学情况　　　　　　　单位：所

年度	合计	国立	公立	私立	私立所占比例（%）
2002	686	99	75	512	74.6
2003	702	100	76	626	74.9
2004	709	87	80	542	76.4
2005	726	87	86	553	76.2
2006	744	87	89	568	76.3

资料来源：选自日本文部科学省编著的《文部科学统计要览》，国立印刷局发行，2007 年。

日本之所以出现私立大学占主体的格局，是由于第二次世界大战后，日本的社会经济遭到了严重破坏，为了全面恢复和发展，日本实施了优先大力发展教育的战略。但因"二战"后日本财政困难，日本政府在重点保证国立大学的资金投入的基础上，鼓励私立大学的发展，这样既达到了发展高等教育的目的，又不至于加重财政负担。因此，正是依靠私立大学的蓬勃发展，日本高等教育规模得以迅速扩大，见表 4-12。

表 4-12　　　　　　　日本大学在校生情况　　　　　　　单位：人

年度	合计	国立	公立	私立	私立所占比例（%）
2002	2 786 032	621 487	116 705	2 047 840	73.5
2003	2 803 980	622 404	120 463	2 061 113	73.5
2004	2 809 295	624 389	122 864	2 062 042	73.4
2005	2 865 051	627 850	124 910	2 112 291	73.7

表4-12(续)

年度	合计	国立	公立	私立	私立所占比例 （%）
2006	2 859 212	628 947	127 872	2 102 393	73.5

资料来源：选自日本文部科学省编著的《文部科学统计要览》，国立印刷局发行，2007年。

2. 日本私立高校的学费情况

在日本上大学，学生要缴纳数额很高的费用，见表4-13。日本国立大学的学费由三项组成：听课费、入学注册费和检定费，而私立大学的学费除包括以上三项费用之外，还有设施、设备使用费，仅此一项就使私立大学的学费比国立大学高得多。

表4-13　　　日本私立大学、短期大学、高等
专门学校 2007 年学费情况　　单位：日元

种类	听课费	入学 注册费	设施、 设备使用费	合计
私立大学	834 751	273 564	190 410	1 298 726
短期大学	834 751	273 564	190 410	1 298 726
私立高等专门学校	366 909	161 818	96 182	624 909

资料来源：根据日本文部省 2007 年对日本私立大学的学费进行调查的结果编制而成。

20 世纪 70 年代，日本超额完成了十年国民收入倍增计划，国民经济进入持续稳定的发展阶段，政府对高等教育也提出了提高质量、稳定发展的政策。日本特色的现代化大学开始成熟，相伴而来的是大学收费的逐渐提高。无论是国立大学、公立大学还是私立大学，学生所缴纳的费用都是随年度而变化，总的趋势是逐年递增。其中，相比国立大学和公立大学，私立大学学费增长更快，幅度也更大，见图 4-1。2000 年以后，其增长

率控制在了1%以下。2007年日本私立大学的学费中，四年制大学的约是130万日元，短期大学的是111万日元。

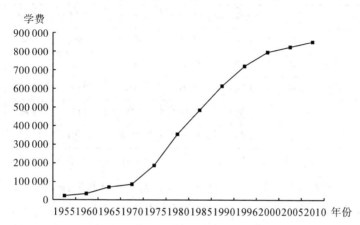

图4-1　日本私立大学学费金额变化情况（单位：日元）

资料来源：选自日本文部科学省编著的《平成21年度文部科学白书》，日本佐伯印刷株式会社。

3. 日本私立高校经费筹措主要渠道

日本《学校教育法》第五条规定：学校的设置者——除法令特别规定的以外，应负担其学校的经费。这是对学校经费来源的规定。因此，国立高等院校的经费是由国家负担的，列入国家的财政预算；公立高等院校的经费由地方政府财政负担，国家根据地方交付税制度等采取措施使其保持必要的水平；私立高等院校的经费由学校法人负担。

据日本私立大学联盟发行的《平成7年度（1995年度）加盟大学财务概要》统计，私立大学的年生均教育经费为139万日元，远低于国立大学，而学生缴纳的学费为98.4万日元，占生均教育经费的70.8%，见表4-14。所以，日本私立大学财政的主要来源是学生缴纳的学费。

表 4-14　日本私立大学 1996 年生均资金收入状况

単位：千日元

项目	医齿科类	理工科类	文科类	其他科类	平均
学生缴纳费用	4 203	1 198	819	1 867	984
接受捐款额	667	54	61	46	70
政府补贴额	2 368	190	104	229	163
其他	1 399	273	285	415	306
合计	8 637	1 715	1 269	2 557	1 523

注：其他指手续费、资产运营、资产转让、事业费等资产的合计。

　　国家对私立大学只支付极少的补贴，而且政府还可根据教育财政状况、教育政策的调整减少其补贴金额。同样，随着 2003 年日本国会通过的《国立学校特殊行政法》，日本实行国立大学法人化改革，要求国立大学通过各种渠道广开自主财源，引入市场调节机制，实施受益者负担的原则，不断强化学校自筹经费的能力。

　　4. 日本高等教育成本分担的补偿机制

　　（1）政府补助

　　日本政府对私立学校进行的补助分为两种：一是一般性补助，根据各私立大学的教职员和学生人数、学生的管理状况、教师组织充实程度、收取的学费对教育研究的投入等实际情况进行有倾斜的分配。二是特别性补助，对于私立大学提高教育研究功能、推进信息情报化、教育研究的国际交流、振兴终身学习、促进大学改革等社会性要求特别强烈、具有特色的教育研究事项进行特别性补助。具体见表 4-15。

表 4-15　　　　政府对私立大学的经费补助预算

单位：百万日元

区分			2005 年预算	2006 年预算	差额
一般性补助			220 379	219 379	1 000
	专职教职员保险费		1 432	—	1 432
	兼职教职员保险费		278	—	278
	认证评价经费		138	—	138
特别补助			110 871	109 871	1 000
	特别补助		37 160	34 860	2 300
		促进终身学习—地域活跃化特别经费	8 771	8 471	300
		促进个性化特别经费	18 646	16 596	2 050
		减免学费等事业的特别经费	2 000	—	2 000
		促进多样化特别经费	9 745	9 795	50
	私立大学教学研究高度化特别补助		73 711	75 011	1 300
		推进研究生教育特别经费	25 681	24 881	800
		法科研究生部支援经费	4 800	4 000	800
		促进学术研究特别经费	11 358	11 758	400
		促进大学教育高度化特别经费	14 944	16 644	1 700
		促进高度信息化特别经费	21 701	21 701	0
总计			331 250	329 250	2 000

资料来源：日本文部科学统计要览。

（2）税收优惠

日本政府对于私立学校，除进行收益事业者外，几乎都不征收法人税，包括不征收所得税等国税以及居民税、事业税等地方税。即使对受益者征税，与一般法人相比，其税率也较低，为26%（一般法人税为42%）。[①]依法享有减税的税收项目是收益事业税，而且还除去了收益收入中用于教育的部分，将其作为损耗金处理。损耗金占收益全部收入的比率逐年上升，从1950年的30%，上升到1967年的50%，后来保持50%或一年200万元之内。另根据1993年制定的地价税，公益法人拥有的土地除了未用土地以外是非课税。

（3）鼓励捐款

为便于企业、团体和个人对私立高校捐助，日本自1962年开始实行指定捐助费制度，即当企业、团体和个人通过日本私学振兴财团对私立高校进行捐助时，可以在他的应纳税总收入中扣除捐款数额。公司给私立教育的捐款，也可以在他的应纳税总收入中注销。

（4）收费政策

日本政府给予私立大学宽松的收费政策。凡是报考私立大学的学生，每人需缴纳一定的入学考试报考费。以立命馆大学为例，2004年报考人数为10万人，每人需缴纳3万日元，收取报考费33.29亿日元，折合人民币2亿多元，占立命馆大学当年收入预算的5.3%。

私立大学的收费标准通常由各校的理事会决定，政府不予干预。入学注册费主要取决于其他大学的收费标准，学费是高校收费的最重要的类别，收费水平取决于有关人事消费、消费者价格、其他相关价格和管理费用；设备、设施使用费主要取

---

① 梁忠义. 日本教育发展战略 [M]. 长春：吉林教育出版社，1993.

决于所用物资的费用。学生每年缴纳给学校的费用，平均为国立高校的2倍左右。

（5）育英奖学制度和勤工俭学制度

日本育英会奖学金的来源有三个部分：一是国家财政支付（占主要部分），即政府财政贷款资金；二是学生毕业后还付的资金；三是社会捐助及有关利息补给。育英会奖学金不是助学金，而是贷款。约有14%的大学生可以取得贷款奖学金，其中10%为无息贷款奖学金。2000年该机构向69万多名学生贷款共计4 151亿日元的奖学金，比1999年增加9.8%，2003年向439 596名学生提供共计3 409亿日元的奖学金。① 根据《育英会法》及其施行令，私立学校的困难学生也同国立、公立学校的困难学生一样享受此政策。并且由于私立学校的学费较高、开支较多，所以贷给私立学校学生每月的奖学金要比国立、公立学校学生高。

日本的私立大学除了有完善的奖学金制度外，还有较完善的勤工俭学制度，政府专门设有为大学生安排勤工俭学的机构，日本大学生收入的近五分之一是来自其本人的打工收入。学生获得勤工俭学的机会主要有以下途径：①由国拨经费设立的勤工俭学介绍所，免费为学生介绍临时工作；②由学校学务部免费介绍，主要是担任家庭教师和中小学的非常勤教师；③由用人单位和个人自由招聘与应聘，主要是作翻译或家庭教师；④从社会发行的各种招聘杂志或报纸上寻找工作等。勤工俭学制度对学生来说，不仅弥补了学生学习费用的不足，而且给学生接触社会和自我锻炼的机会。很多学生毕业后就职于读书时打工的公司，这也在一定程度上缩短了他们适应工作的周期。对国家来说，日本劳动力严重不足，学生打工在一定程度上缓

---

① 陈永明. 教育经费的国际比较 [M]. 天津：天津教育出版社，2006.

解了这个问题。

4.2　国外高等教育成本分担机制的经验

1. 高等教育成本分担模式要根据各国国情制订

一个国家的高等教育成本分担模式受到本国历史文化、经济环境、社会制度等多方面因素的综合影响。目前国外高等教育成本分担呈现以下三种主要模式：

（1）政府或学生为主的一元化模式

欧洲国家的文化传统认为高等教育是国家事业，是为国家培养精英的事业，由政府承担高等教育的全部或大部分成本是理所当然的。因此，欧洲国家是典型的以政府为主的一元化模式，其代表国家有德国、丹麦、芬兰、瑞典等。

以学生为主导一元化模式的典型代表是日本，这主要是因为日本国民整体比较富裕，贫富差距也不大，学费占家庭收入比例不高等。类似的还有亚洲的韩国、拉丁美洲部分国家。

（2）政府和受教育者二元化分担模式

一方面，高等教育在提高劳动力素质、促进科技进步、推动经济社会发展中的地位和作用不容忽视；另一方面，国家财力毕竟有限，高等院校办学经费趋于紧张。因此，为缓解这一矛盾可以推动高等教育市场化运作，这既增加了高等教育的经费来源，同时也应对高等教育入学人数的急剧增长。目前世界上大多数国家形成以政府和受教育者两者来共同分担高等教育成本的二元模式。其典型代表是澳大利亚和加拿大。

（3）社会各界多元化分担模式

美国是世界上第一个进入高等教育大众化、普及化阶段的国家，形成了大力支持教育的传统文化和习惯，也制定了诸如教育等公共事业的捐赠可以免税的政策导向。因此，美国的高等教育成本分担是典型的多元化分担模式，除政府和个人负担之外，还通过学校自身科研项目、合作教学，社会个人、集体捐赠等非公共渠道来共同分担高等教育成本。

2. 多元化模式是高等教育成本分担的发展趋势

从历史演进来看，教育特别是高等教育，作为上层建筑，是统治阶级、上层社会治理国家、管理社会的工具之一，比较早的时期还属于精英教育，由政府全额出资，受教育者免费享用。随着经济社会的发展，社会需要大量接受过高等教育的专门人才，高等教育需求变大，精英教育转变为大众化教育。此时，完全由政府支付教育成本已经不太可能，直接受益的个人也必须承担部分成本；同时，经济社会的不断发展，使得社会财富不再只是集中于少数人手中，社会各阶层、各组织团体不但掌握相当多的财富，也从高等教育当中受益，这样各种社会力量（如用人单位、公益民间组织）也有可能和有必要分担一定的成本。可见，世界各国高等教育成本分担大体上是从一元化（政府）向二元化（政府和学生）模式发展，进而形成多元化的模式。这一发展进程与高等教育从精英教育向大众化、普及化教育迈进这一客观规律是相吻合的。

3. 政府是高等教育成本分担的最重要的主体

高等教育在本质上还是公共事业，尽管学生及其家庭也会有收益，但政府和社会的收益更大，是有效促进社会公平、提升社会文明和社会阶层良性流动的重要途径，因此，政府应当是教育成本的主要承担者。从国际上来看，大多数国家政府对高等教育的投资始终保持在较高的水平，努力做到政府应尽的责任。

4. 受教育者应负担部分的教育成本

作为高等教育的受益者，大学生个人或家庭分担部分高等教育成本，不仅补偿了高等教育成本，增加了高等教育经费，也有助于保障高等教育的质量并促进其竞争。

当然，在收取学费时不能完全遵循市场原则，而要兼顾学生及家庭的经济承受能力。另外，还可以辅之以相应的配套措施，如助学贷款、奖学金、助学金、延迟付费等，消除学费给学生家庭带来的经济压力，保障接受高等教育者的基本生活水平，保证其学业的顺利完成。

5. 高校、社会都应承担部分高等教育成本

作为培养人才的高校，可以利用自身的学科优势和科研条件，通过向社会提供有偿服务获得一定数量的自身发展资金，扩大自身经费来源。这种有偿服务包括开办附属医院、举办成人教育、为政府部门提供信息咨询、向企业转让科研成果等。

另外，企业、社会虽然没有从高等教育直接获益，但却是间接受益者，也应承担部分教育成本。具体途径可以是捐赠，也可以是提供各种资助、设立专项奖学金、帮助偿还毕业生就学期间所贷款项等。

总之，世界各国的教育家和经济学家已经证明，高等教育实行成本补偿是可行的。实行高等教育的成本补偿既有助于社会公平和高等教育的机会均等，也有助于缓解政府的财政压力，使政府资金可以在其他领域更顺畅地流动。国外高等教育成本分担模式的成功经验，对我国高等教育成本分担机制的建立与实施有一定的启示意义。

5. 独立学院的发展概况

　　独立学院是指实施本科以上学历教育的普通高等学校与国家机构以外的社会组织或者个人合作,利用非国家财政性经费举办的实施本科学历教育的高等学校。[①]

　　作为一种新兴的高等教育模式,独立学院 1999 年开始试办,到目前已成为我国高等教育体系中重要的组成部分,在本科教育资源增量,特别是在发展优质本科教育中发挥着不可小觑的作用。

5.1　我国独立学院的发展状况

　　独立学院是在过去的高校二级学院的基础上发展起来的。20 世纪末,国家做出了扩大高等教育办学规模的决策,以满足人民群众对接受更多、更好的高等教育的强烈愿望。在政府财力不足和办学资源紧张的情况下,一些高校利用非财政经费按新体制举办了一批公办民助性质的二级学院,招收第二批次或第三批次的本科生(个别高校招收专科生),单独进行培养或分散委托给其他二级学院培养。

---

　　① 　中华人民共和国教育部第 26 号令,《独立学院设置与管理办法》。

我国最早的二级学院出现在浙江省。1999 年 7 月，经浙江省人民政府批准，浙江省率先依托普通公办高校，吸引社会力量，利用银行贷款组建了浙江大学城市学院等 5 所具有独立法人资格、经济独立核算的二级学院。随后，全国其他省市相继建起了类似模式的二级学院，当时被称作"公办民助二级学院"（以下简称"二级学院"）。2003 年上半年，全国共有二级学院 360 所。①

在当时，二级学院的创办，调动了民间投资办学的积极性，吸纳了大量社会资金，缓解了扩招带来的教育资源不足的矛盾，也增加了民众接受高等教育的机会，受到社会的欢迎。但由于初创阶段在思想上准备不够，缺乏相应的政策和规范，二级学院在办学过程中，不可避免地出现了一些问题和困难。比如没有引入民办机制，投资主体为母体高校，没有充分吸纳社会资金和资源；办学模式和管理方式简单继承公办大学模式，缺乏鲜明的办学特色；多数学院采取"校中校"的办学形式，财务、招生、学历证书、教学管理缺乏独立性等。

2003 年 4 月，在总结各地发展独立学院经验的基础上，教育部对全国的独立学院进行了清理与规范，并印发了《关于规范并加强普通高校以新的机制和模式试办独立学院管理的若干意见》（以下简称《若干意见》），将"由普通高校按照新的机制、新模式举办的本科层次的二级学院"简称为"独立学院"，明确提出试办独立学院一律采用民办机制，独立学院应具有独立的校园和基本办学设施，实行相对独立的教学组织和管理，独立进行招生，独立颁发学历证书，独立进行财务核算，应具有独立法人资格，能独立承担民事责任。《若干意见》还规定了

---

① 刘春. 中国独立学院期刊论文的对应分析 [J]. 大连理工大学人文社会科学学院，2009（8）.

独立学院应具备必要的办学条件。初办时一般应当具备：校园占地面积不少于 150 亩（1 亩 ≈ 666.67 平方米，全书同）艺术类院校和国家另有规定的除外，为了保证今后发展需要，应预留发展用地，校园规划占地面积不少于 300 亩，教学行政用房建筑面积不少于 4 万平方米，教学仪器设备总值不少于 1 000 万元，图书不少于 4 万册。独立学院还应具备不少于 100 人、聘期一学年以上、相对固定的专任教师队伍。专任教师中具有副高级以上职称的比例应不低于 30%，独立学院正式招生时生均各项办学条件应基本符合国家规定标准。满足了这些条件，独立学院在硬件上就得到了一定的保障。

2003 年 6 月，教育部召开了"普通高等学校以新的机制和模式试办独立学院工作会议"。时任教育部部长周济发表了题为《促进高校独立学院持续健康快速发展》的讲话，强调独立学院要积极发展，突出一个"优"字；规范管理，突出一个"独"字；改革创新，突出一个"民"字。

2003 年 8 月，按照《教育部关于对各地批准试办的独立学院进行检查清理和重新报批工作的通知》，对经省级人民政府或省级教育行政部门批准试办的独立学院进行了检查清理及确认。截至 2004 年 3 月 1 日，教育部第一批共批准 173 所独立学院。

2004 年 11 月，教育部又发出了《关于对独立学院办学条件和教学工作开展专项检查的通知》（教高〔2004〕21 号），并从 2004 年 12 月起到 2005 年 2 月，分期分批对全国已经确认的独立学院的办学条件和教学工作进行了专项检查。在专项检查的基础上，教育部于 2005 年 3 月 22 日召开了"进一步做好独立学院试办工作网络视频会"，时任教育部副部长的张保庆作了题为《统一思想，提高认识，注重质量，严格管理，努力促进独立学院健康、持续发展》的讲话，明确指出"独立学院总体上是积极的、健康的，成绩是主要的，这是一个基本判断"，并表示今后应该继续加以支持，并适度加快发展，争取在未来几年内使在校生总规模达到 200 万人，成为我国高等教育大众化的一支重要力量。

经过几年的探索实践，独立学院的发展取得了很大成绩，截至 2007 年，全国共有独立学院 318 所，在校生 186.6 万人，占民办高等学历教育在校生的 53.4%，本科生的比例占民办本科教育的 88.7%。① 当然在试办的过程中也遇到了一些问题，有些甚至影响了独立学院的办学质量和社会稳定。例如有的独立学院办学不规范，违规招生，违规宣传，学位证书的发放不统一；有的独立学院只顾扩大招生规模，不注重办学质量，管理混乱等。② 因此，只有加强制度建设，才能保证独立学院的可持续发展。

在这样的背景下，教育部于 2008 年 4 月 1 日正式实施《独立学院设置与管理办法》（以下简称《办法》），出台了规范独立学院办学行为、提高办学质量等一系列"新政"。《办法》从法律上明确了独立学院是指实施本科以上学历教育的普通高等学校与国家机构以外的社会组织或者个人合作，利用非国家财政性经费举办的实施本科学历教育的高等学校。同时对独立学院的设立、组织与活动、管理与监督、变更与终止、法律责任等都作了明确的规范，对以前一些模糊的问题进行了明确。《办法》规定，2008 年秋季及以后入学的独立学院学生，均以独立学院的名称颁发毕业证或学位证书。同时，还进一步明确了对已设立的独立学院给予 5 年的过渡期，由教育部进行评估验收，对验收合格的独立学院核发办学许可证，符合普通本科高等学

---

① 姚依农. "26 号令"颁布有喜有忧 独立学院渐褪母校光环. http://mt. rednet. cn/Articles/08/04/11/919070. htm。

② 杨继瑞，等. 高校独立学院市场化运作的经济学分析 [M]. 成都: 西南财经大学出版社，2007.

校设置标准的，可允许"单飞"，即申请转设民办高等学校；对验收不合格的独立学院将停止招生资格。独立学院由此进入规范发展阶段。[①]

《办法》实施后，教育部组织了多个评估组对各地、各高校举办的360多所独立学院进行了清理整顿，逐个审查，重新备案。截止到2014年4月9日，教育部公布的全国29个省市创办的独立学院就有291所，在校学生278.4万人。从广大考生及家长对高等教育需求的强烈愿望以及目前我国公办高等教育仍然不能满足考生上大学的需求的现实，独立学院的产生、发展是适于高等教育发展趋势的，并将在今后一段时期内，为推进高等教育多样化健康发展做出应有的贡献。

5.2 发展独立学院的意义

我国高等教育发展进入到一个历史性的转折与发展的新阶段。受高校扩招、适龄人口变化、独生子女时代、高等教育大众化带来的入学门槛降低以及毕业生就业压力增加等一系列因素的影响，全国范围内高中阶段教育，尤其是普通高中规模扩张的速度逐步加快，广大人民群众接受高层次及优质高等教育的期望值迅速提高，对高等教育发展提出了新的要求。未来20年尤其是未来10年，我国高等教育发展的任务十分艰巨，高层次高等教育供求矛盾依然突出。高中阶段毕业生人数的逐年增长，要求在发展大众化本科教育方面探索新的路径和模式。独立学院在这样的背景下产生，一出现就立即引起了高等教育界

---

① 阙海宝，罗昆. 指明发展方向 完善制度设计——《独立学院设置与管理办法》的政策解读 [J]. 教育发展研究，2008 (12).

的普遍关注，其意义已经超出了通过这种方式来扩大招生规模这一简单办学行为本身。

1. 独立学院是高等教育管理体制创新的一种有益探索

独立学院是公办高校联合社会力量举办的高等教育机构，实现公办高校优质教育资源与充裕社会资金的结合，是我国高等教育办学机制与模式的一项有益的探索和创新，是更好、更快扩大高等教育资源的一种有效途径，对今后我国高等教育的持续、健康发展具有重大的意义。独立学院的产生和发展有利于大众化背景下在高等教育系统中引进竞争意识，促进高等教育管理体制的创新，从而实现各类高等教育机构相互竞争，相互促进，共同发展。

2. 独立学院适应了高等教育大众化进程的需要

我国普通高等教育发展已达到历史上的最大规模，高校大规模的扩招，已使全国各地均出现了万人规模的大学。大部分公办大学的潜力已经充分发挥，容量已接近饱和，部分高校甚至早已处于超负荷运转状态。根据《中国教育与人力资源问题报告》的预测，2020年中国高等教育发展将达到3 300万人的总规模，即在现有1 600万人的基础上再增加1 700万人。假设本科招生保持现在40%的比例不变，届时本科生总量将比目前净增加680万人，即需要在现有本科高校的基础上，再增加680所万人本科大学，才能满足高等教育发展的实际需求。

在这种情况下，独立学院的创办为高等教育的发展发挥了不可替代的作用，见表5-1。我国近年来办学实践证明，独立学院具有很强的生命力，其人才培养质量能够得到保证，人才规格越来越受社会的认可，可以在很大程度上满足广大人民群众对高等教育的需求，同时为社会培养出高素质的专门人才。

年份	学校数（所）	毕业生数	招生数	在校生数	教职工数	专任教师	另有其他学生数
2009	322	449 462	691 231	2 413 707	162 571	116 218	15 962
2010	323	516 168	754 657	2 603 177	175 288	126 720	18 736
2011	309	542 638	746 028	2 674 448	181 039	132 733	29 128
2012	303	585 260	756 927	2 783 983	189 194	139 657	34 080
2013	292	593 397	688 917	2 758 465	186 262	138 815	28 956

注："其他"包括自考助学班学生、预科生、进修及培训学生数。

资料来源：中国统计年鉴。

3. 独立学院客观上弥补了公共财政对高等教育发展的不足

人口众多的现实使我国政府承受着沉重的教育财政负担。1999 年扩招以来，中央和地方政府采取了切实有效的措施，逐年加大对高等教育发展经费的投入力度，但财政性经费投入仍滞后于高等教育规模的发展，很多地方高校生均拨款逐年下降，许多高等学校处于超负荷运转的状况。受国民经济发展总体水平和国家财政实力的制约，今后国家的政性教育经费用于高等教育的投入不可能有很大幅度的增长。另外，我国高等教育政府拨款占政府教育拨款的比重已达到 1/4 左右，远高于日本、韩国，也超出美国等世界发达国家的高等教育比例。而作为政府主要责任的义务教育普及任务依然严峻。因此，在大众化教育阶段，如果单纯依赖政府所提供的高等教育，根本不能解决不断激化的高等教育供需矛盾。要实现高等教育的迅速扩张，就必须充分利用民间资本，支持非财政性的办学实体发展。独立学院的办学经费是采取民间筹措的方式实现的，完全不依靠国家财政拨款。所以，高等教育要巩固大众化，实现普及化，国家必须进一步鼓励和引导独立学院的发展。

4. 独立学院促进了高等教育资源的优化配置

大力发展高等教育首先要扩大规模，同时还要保证质量。但在实际发展过程中，数量扩张与质量提升是一对不可回避的矛盾，往往难以兼顾。独立学院既拥有母体高校在品牌、管理、师资、教学等方面的优势，同时又具有民办机制的灵活性，从而较好地解决了高等教育快速发展普遍存在的办学资源紧张问题，又能使教育质量得到有力保证，实现规模扩大与质量保证的同步发展。

另外，通过举办独立学院，可以挖掘母体高校的办学潜力，优化高等教育资源的配置。通过母体高校教育资源的盘点，可将原本没有得到充分利用的存量教育资源进行重新组合，适得其所，物尽其用，人尽其才，既可增加高等教育的有效供给，也有利于母体高校的改革和发展。①

5. 独立学院促进人才培养规格的多样化

独立学院在办学理念、管理体制、办学模式等方面与公办高校完全不同，而且相形之下，跟市场的联系更为紧密。另外，独立学院的办学模式与一般的民办高校也有根本上的区别，在办学层次上相对一般的民办高校较高。独立学院既不培养研究型人才，也不直接培养职业技术人才，而是强调基础知识和应用能力的结合。所以，独立学院人才培养规格是具有特色的。独立学院的出现，不仅满足了社会对人才的多样性的需求，还为学生在现有的公立教育体系之外提供了另一种选择。

---

① 来茂德.独立学院：中国高等教育发展的新探索 [M].杭州：浙江大学出版社，2004：107.

5.3　独立学院的特点

原教育部部长周济在《促进高校独立学院持续健康快速发展——在普通高等学校以新的机制和模式试办独立学院工作会议上的讲话》中指出，独立学院的特点是"优、独、民"。其中"优"是指利用母体院校的"优"质资源（这是与纯粹的民办高校最大的不同之处），依托于公办高校好的品牌、教学传统、教学资源、管理模式及教师队伍；"独"是相对于过去的国有民办二级学院而言，由三个独立变成了六个独立；"民"是相对于公立大学而言，独立学院是民办的，由社会力量投入资金、土地使用权等而创办的，同时也带来民营的机制与活力。在《2004 中国成长型大学——独立学院峰会会议纪要》中根据独立学院的发展需要，又增加一个"特"，所谓的"特"是指适合独立学院的办学特点和办学特色。

与普通高校及民办大学相比，独立学院具有以下三个基本特性：

第一，投资主体的社会性和多元化。

几十年来，我国高等教育在计划经济体制下形成的一元化办学体制和单一的政府投资渠道，使国家财政背上了沉重的包袱，虽然许多高校尝试过通过社会渠道捐资、筹资的办法，但未能从根本上解决办学经费短缺的问题。独立学院的资金不是国家和地方政府的财政性教育经费，而主要是各种社会力量，如企业、社会团体或个人的非公有资本，以及其他有合作能力的社会机构提供的资金等。独立学院的投资方（合作者）可以是一家投资单位，也可以是多家单位组成的联合投资体，经济比较发达的省市还可以得到政府的资金或政策扶持，投资主体体现出了较大的社会性。

投资主体多元化体现为：具有较高教育水平和管理水平的公办普通本科高校与各种具备较强经济实力的社会力量联合举办。公办高等院校与投资方（合作者）共同拥有独立学院的管理权和支配权。公办高校不仅要投入学校的教育品牌、成熟的教学管理经验等无形教育资产，而且要投入相当数量的高水平教师和教育管理人员，对独立学院的教学和管理负责；合作者不仅要"负责提供独立学院办学所需的各项条件和设施"，而且还要"参与学院的管理、监督和领导"。这是独立学院与民办高校的本质区别。

第二，民办机制。

教育部第 26 号令颁布以后，独立学院的发展方向基本可以确定，逐渐走向完全意义的民办大学，机制上一律采用民办机制办学，改变过去的"非公非民"状态，母体院校由"主导"逐渐走向"过渡"进而"退出"历史舞台，基本完成搭建梯子的历史使命。独立学院在办学过程中不仅要遵循《中华人民共和国高等教育法》，而且还必须贯彻实施《中华人民共和国民办教育促进法》（以下简称《民办教育促进法》），建立学院董事会，实行董事会领导下的院长负责制，维护学院独立的法人地位，按照民办机制筹措学院建设与发展所需要的各项经费，独自实施学院资产和财务管理，自主经营，自负盈亏。由此可见，独立学院的机制较普通高校而言，更为灵活，市场化运作的空间更大。

第三，独立性。

独立学院应与母体高校相分离，享有独立法人地位，独立承担民事责任；还应具有独立的校园和基本办学设施，实施相对独立的教学组织和管理，独立进行招生，独立颁发学历证书，独立进行财务核算。因此，独立学院与母体学校之间不是简单的上下级关系，不是学校与其下属的一般二级学院的领导与被领导的关系，而是独立法人与独立法人之间的关系。从某种意义上说，是校方、合作方在独立学院这个独立平台上的同舟共济的平等合作关系。

5.4 独立学院学生的特点

独立学院招生的生源和普通本科院校有很大的差别，其主要是"二本"线以下，专科线以上的学生。从云南师范大学商学院近几年的招生情况来看，其分数与"二本"学生录取分数平均相差 60 至 100 分左右。独立学院的学生是一个特殊的群体，他们思想上积极进取，参加活动热情活跃，但是传统的教育模式容易让这些学生产生抵触情绪，相对来说不容易管理。而且这些学生在学习的主动性、约束力上与"二本"以上高校学生存在着一定的差距，这些都直接影响着独立学院的发展。

独立学院学生群体主要表现出以下特点：

1. 强烈渴望大学校园生活，但对自己学院的归属感不强

独立学院学生和普通本科院校学生一样，思想上积极要求进步，对大学生活充满希望，并且希望通过参加各种实践活动锻炼自己的能力，得到同学和社会的认可和尊重。但是因为其高考分数相对较低，须支付较高的学费，和普通本科生一起学习生活，导致部分学生具有较强的自卑感，有低人一等的感觉，致使他们对自己学院的归属感不强。同时，独立学院办校时间还不是很长，其办学性质、办学模式、办学水平、校园文化受到了一定程度的质疑，导致一些用人单位、企业对独立学院的学生有一定的偏见。因此，学生就会产生强烈的挫败感，很失落。所以，加强对独立学院学生归属感的教育，让他们不再自

卑，树立自强自信意识，是独立学院，也是我们思想政治工作教育者必须面对的难题。

2. 情感上很敏感，心理状态不够稳定

独立学院学生情感丰富，对外界很敏感，具有很高的兴奋点，心理状态很容易波动，不稳定，常常会因为一件小事情而引发很大的情绪波动。碰到一些突发事情时，他们往往只会考虑自己的尊严和面子而忽视了事情可能引发的后果，所以他们在情感上很脆弱，往往很容易受到各种挫折和伤害，严重点会产生一些心理问题。而且他们自我控制力一般较差，当其对某一事物产生兴趣时（如网络游戏），很容易陷入沉迷状态。因此，独立学院学生在学习、生活中很容易受到各种因素的干扰，对自己的学习、生活产生很大的影响。因此，我们必须在学院内建立起一套完善的心理辅导、心理测评机制，解决同学们因学习、生活、思想等带来的心理问题。

3. 意志上不够坚定，易受外界干扰

独立学院学生总体来说文化基础比较薄弱，没有形成一个良好的学习习惯，自觉性也不强，在学习上经常偏科严重。同时他们也渴望获得好成绩，敬佩学习成绩优秀的同学，但是由于其心理上的沉重压力和自卑感，表现出学习热情不高、学习态度不够端正。这都是因为中学阶段没有养成一个良好的学习生活习惯，导致进入大学学习时，经受不住外界诱惑，很容易养成一些不良的习惯，如迷恋网络游戏和上网聊天等。

4. 心理脆弱，对挫折的承受力较差

独立学院学生一般来说家里经济条件都较好，其中独生子女和城镇生源比例明显高于普通本科院校，绝大部分学生在相对优越的生活环境中成长。其中许多学生在家过着小皇帝般、小公主般的日子，受到家长的过分溺爱，导致他们自尊心强，以自我为中心严重，生活自理能力和人际交往能力较差，极少数学生甚至出现人际关系紧张。这对学生的学习和心理都造成了一定的影响。

5.5 云南省独立学院的发展状况

根据调查，从 2000 年之前的空白状态至今，云南省的独立学院已经发展到了 7 所（见表 5-2），2013 年在校生为 9 万余名，占全省本科层次全日制在校生人数的 25.1%[①]，已成为云南省高等教育事业的一支不容忽视的力量。

表 5-2　　　　　云南省高校情况

办学层次	数量	学校性质	数量
本科	29	公办本科院校	21
		民办本科院校（含独立学院）	8
高职高专	38	公办高职高专	26
		民办高职高专	12
成人高校		2	
合计		69	

1. 专业设置

2013 年，云南省共有普通本科院校 29 所，其中民办本科 8 所（含独立学院）。全省共有本科专业 1 165 个，其中：民办本科院校专业 205 个（见表 5-3），占全省本科专业的 17.6%，与 2012 年（145 个）相比增长 41.4%。

---

① 本节数据由各所独立学院公布的数据以及《云南省普通高校 2013 年度本科教学质量报告》整理而来。

表 5-3　　　　　2012 年云南省独立学院专业布局　　　　单位:%

	学科门类	商学院	滇池学院	旅游文化学院	文理学院	津桥学院	海源学院	文华学院
1	法学	3.13	6.25	—	—	4.00	—	
2	工学	6.25	12.50	9.52	12.90	56.00		
3	管理学	25.00	28.13	28.57	16.13	24.00	16.67	4.35
4	教育学	6.25	3.13		3.23		5.56	
5	经济学	6.25	9.38	14.29	6.45	4.00		
6	理学	6.25	3.13	4.76	12.90	4.00	50.00	
7	文学	25.00	28.13	23.81	25.81	8.00	11.11	4.35
8	艺术学	21.88	9.38	19.05	16.13		5.56	91.30
9	农学				6.45			
10	医学						11.11	

注:云南省 7 所独立学院分别是云南师范大学商学院、云南大学滇池学院、云南大学旅游文化学院、云南师范大学文理学院、昆明理工大学津桥学院、昆明医科大学海源学院、云南艺术学院文华学院。以下分别简称:商学院、滇池学院、旅游文化学院、文理学院、津桥学院、海源学院、文华学院。

由表 5-3 中数据可知,津桥学院、海源学院、文华学院有明显的学科倾向,其他四所独立学院专业较多的学科门类为管理学、文学、艺术学。

2.在校生人数

2013 年,全省高校全日制在校学生达 548 577 人,其中本科高校为 358 914 人,占 65.4%,与 2012 年在校生 324 722 人相比增长 10.5%。其中,民办高校本科在校生为 90 121 人,占 25.1%,与 2012 年在校生 78 995 人相比增长 14.1%。2012 年,7 所独立学院在校生人数最多的超过 1.6 万人,最少的仅为 3 000 余人,详见表 5-4。

表 5-4　　　　2012 年云南省独立学院在校生人数　　　单位：人

商学院	滇池学院	旅游文化学院	文理学院	津桥学院	海源学院	文华学院
15 908	16 582	13 631	11 303	7 858	7 363	3 418

3. 招生人数及生源质量

2013 年，全省各类高等学校共招生 168 337 人，其中普通本科 101 295 人，所占比例为 60.2%。普通本科招生数与 2012 年招生 89 689 人相比增长 12.9%。其中，民办高校本科招生 26 970 人，占 26.6%，与 2012 年招生 21 999 人相比增长 22.6%。7 所独立学院招生数见表 5-5。

2013 年，第三批本科高校的录取分数线文史类为 405 分，理工类为 375 分，与 2012 年相比，文史类降低 25 分，理工类提高 5 分。

表 5-5　　　　2012 年云南省独立学院招生人数　　　单位：人

商学院	滇池学院	旅游文化学院	文理学院	津桥学院	海源学院	文华学院
4 542	4 443	4 026	3 167	1 752	1 602	851

4. 就业情况

由于独立学院的专业基本上都是热门专业，就业情况较好，各校就业率见表 5-6。从表 5-6 中可以看出，独立学院的就业率均在 90% 以上，为提高云南高等院校的就业率做出了重要贡献。

表 5-6　　　　2012 年云南省独立学院就业率统计表　　　单位:%

商学院	滇池学院	旅游文化学院	文理学院	津桥学院	海源学院	文华学院
95	95	90	95	92	92	90

5. 占地面积及教学用房

随着近几年呈贡新区大学城、崇明职教园区、安宁职教园区的建设，2012 年全省高校占地面积已达到 55 421.54 亩。其中本科院校占地面积为 38 617.35 亩，占 69.68%，超过一半的比例。民办本科院校占地 3 802.87 亩，仅占本科高校的 9.85%。7 所独立学院占地面积见表 5-7，教学及辅助用房面积见表 5-8。

表 5-7　　　　　2012 年云南省独立学院占地面积　　　单位：亩

商学院	滇池学院	旅游文化学院	文理学院	津桥学院	海源学院	文华学院
114.11	442.12	790.75	517.69	175	698.21	261.23

注：商学院还有近 700 亩土地的相关手续正在办理之中。

表 5-8　2012 年云南省独立学院教学及辅助用房面积

单位：平方米

商学院	滇池学院	旅游文化学院	文理学院	津桥学院	海源学院	文华学院
94 396.13	118 980	113 437	72 400	—	24 618	—

6. 固定资产及教学设施设备

2012 年，全省高校固定资产达到 3 428 709.28 万元，本科院校固定资产为 2 622 505.36 万元，占 76.49%，超过三分之二的比例。民办本科院校的固定资产与在校生人数并不成比例，仅为 342 645.82 万元，只占本科高校的 13.07%。7 所独立学院固定资产情况见表 5-9，教学科研仪器设备情况见表 5-10。

表 5-9　　　　　2012 年云南省独立学院固定资产　　　单位：万元

商学院	滇池学院	旅游文化学院	文理学院	津桥学院	海源学院	文华学院
54 122.22	44 777	48 816	55 616	41 475	58 200	1 653.6

表 5-10　2012 年云南省独立学院教学科研仪器设备总值

单位：万元

商学院	滇池学院	旅游文化学院	文理学院	津桥学院	海源学院	文华学院
4 777.16	5 299.66	4 560.27	5 879	3 985.57	3 867.3	1 048.08

7. 图书

2012 年，全省高校纸质图书共计 4 569.11 万册，本科院校 3 352.68 万册，占 73.4%。其中，民办本科院校 661.64 万册，仅占本科高校图书总量的 19.7%。全省高校电子图书共计 189 934.8GB①，本科院校 129 420GB，占 68.1%。其中，民办本科院校 18 356GB，仅占本科高校图书总量的 14.2%。7 所独立学院纸质图书和电子图书情况见表 5-11。

表 5-11　　　2012 年云南省独立学院图书情况

	商学院	滇池学院	旅游文化学院	文理学院	津桥学院	海源学院	文华学院
纸质图书（万册）	93.52	88.58	141.44	1 122	41	46.83	16.27
电子图书（GB）	4 472	800	121.51	5 200	0	5 500	1 024

8. 专任教师

2012 年，全省高校专任教师为 32 268 人，本科院校为 22 167 人，占 68.70%。其中，民办本科院校为 4 355 人，占本科高校专任教师总人数的 19.65%。7 所独立学院专任教师情况见表 5-12。

---

① 　1GB＝10 亿字节。

表 5-12　　　2012 年云南省独立专任教师情况　　　单位：人

	商学院	滇池学院	旅游文化学院	文理学院	津桥学院	海源学院	文华学院
教职工数	865	1 192	970	736	463	673	273
专任教师数	669	902	694	581	322	470	193
正高级职称以上	77	104	113	58	33	66	15
副高级职称以上	141	268	98	65	91	147	18
博士研究生以上	25	96	4	4	12	11	0
硕士研究生以上	327	431	214	285	212	166	38

9. 学科发展

在规模发展和基础建设的同时，云南省的 7 所独立学院也开始关注内涵式发展，关注教学质量的稳步提升。截至 2012 年，商学院、滇池学院、文理学院各有 1 项优势特色重点建设（培育）学科（群）立项，省级质量工程（不含"名师工作室访问学者"人数）立项情况更是年年攀升，甚至超过了部分公办本科高校。7 所独立学院质量工程立项情况见表 5-13。

表 5-13　　　2012 年云南省独立质量工程立项情况　　　单位：项

商学院	滇池学院	旅游文化学院	文理学院	津桥学院	海源学院	文华学院
34	27	14	23	26	14	23

经过十余年的发展历程，云南省 7 所独立学院各方面的发展已经取得了长足的进步，截至 2012 年 5 月 31 日，云南省学位委员会第十三次全体委员会议表决通过 7 家省内独立学院今年

起可以脱离"母体学校"单独颁发93个专业的学士学位。在会议上，省学位委员会委员们建议，民办高等教育应从学历教育中的课程建设，转为重视学科建设。当前，云南省独立学院的师资队伍主要由老专家教授、教育管理者和青年教师构成，其中青年教师的学历、学位比例欠缺，应建立激励机制，提升科研能力，创建独立学院特色学科，办出特色。建议加大力度推进没有独立学院的学校办民办学院。让独立学院借助目前公办院校优教资源结合社会资金发展模式，成长为东南亚具有一定影响力的民办院校。

6. 独立学院教育成本分担现状

为了得到第一手的有用数据和信息，课题小组设计了四个调查项目，通过对样本的调查和数据分析，客观地描述独立学院教育成本分担的现状，探究其存在的问题及原因，为对策建议的提出提供数据支撑。

6.1 关于独立学院教育费用与家庭支付能力的调查

6.1.1 问卷设计与样本选择

1. 问卷设计

本次调查问卷问题的设置紧紧围绕着"独立学院大学生教育成本分担"的研究主题展开，多角度收集相关数据，力求全面了解独立学院教育费用的整体水平以及该部分费用占学生家庭收入的比重，用数据来反映独立学院大学生的家庭支付能力。

调查问卷的设计围绕学费来源、家庭收入、奖助学金、勤工俭学收入这四个维度展开。课题小组对学费来源的调查采用多项选择题与开放问题相结合的方式；对家庭收入的调查主要从家庭收入的来源、年收入的总金额、年支出情况等问题展开；对奖助学金以及勤工俭学的调查目的是了解学生通过这两种途径获得的收入。问卷包括封闭式和开放式两大类问题。

在调查正式全面展开之前，为了验证问卷调查问题的设置是否合理，是否恰当以及是否具有可操作性，课题小组首先进行了局部调查，并根据局部调查的结果对部分原有的问卷问题进行了必要的调整。

2. 样本选择

由于条件限制，本次调查通过抽样调查来完成数据的收集，调查对象为云南师范大学商学院在校学生。

为了使搜集到的数据更具有代表性和全面性，抽样的学生来自不同的年级和专业。考虑到大四学生已逐渐进入实习阶段，他们在校外活动的时间会比较多，支出有所转移，所以此次调查对象的选择主要集中在大学一年级、二年级和三年级的学生，调查对象的年级分布情况和专业分布情况见图6-1和图6-2。

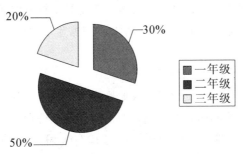

图6-1 调查问卷年级分布情况

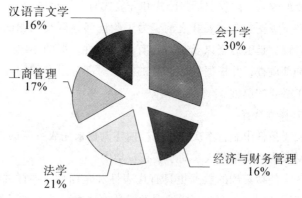

图 6-2　调查问卷专业分布情况

6.1.2　独立学院教育费用的情况分析

课题小组认为独立学院大学生的教育成本主要由两部分构成：一是固定成本，这部分成本主要是学生在校期间的学费和住宿费；二是可变成本，包括学生的日常生活费用、学习费用、娱乐费用等。

1. 学费以及住宿费

云南省独立学院学费的收取标准由于学校品牌、专业以及所处区域的不同而有所差别，但是差异不是特别大。课题小组选取了大多数学校和专业所执行的 10 000.00 元/学年的学费标准和六人间 800.00 元/生/学年的住宿费标准进行研究。

2. 日常生活各方面的费用

学生的教育成本除了学费、住宿费外，还包括伙食费和学习费用，课题小组针对独立学院大学生的平均月支出也进行了调查。

独立学院大学生的平均月支出情况详见图 6-3。

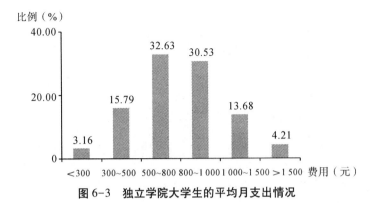

图6-3 独立学院大学生的平均月支出情况

图6-3中的数据反映,独立学院大学生的月平均开销约在700元至904元之间①。平均月消费在500~1 000元的学生人数最多,占总人数的63.16%;平均月消费在300~500元和1 000~1 500元的学生比重次之,分别为15.79%和13.68%;平均月消费在300元以下和1 500元以上的学生比重最小,仅为3.16%和4.21%。

课题小组还对学生每月的伙食费(含饮料、零食等)和学习方面的支出(包括文具购买、书籍购买、文件打印和复印等与学习有关的消费)进行了调查。

学生在伙食上的费用平均每月为381元至425元,其中大部分学生的伙食费在300~800元,占总人数的76.84%。其中平均每月伙食费在300~500元之间的学生达到53.68%,在500~800元的学生占23.16%。占比最少的是1 000~1 500元之间,仅为总人数的2.11%。详见图6-4。

---

① 本报告中所涉及的均值,均以区间估计的方式给出。因为本次调查的对象个数超过了30个,所以随机变量的分布近似于正态分布,且将置信度设定在95%。

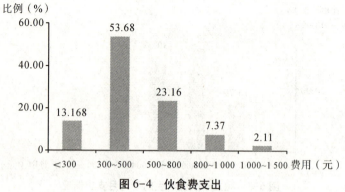

比例（%）

图 6-4　伙食费支出

　　大部分学生每月用在学习方面的花费在 30~50 元之间，占总人数的 30.53%；花费在 50~80 元、80~100 元、100~150 元三个区间的差别不是很大，分别为 16.84%、15.79%、18.95%；占比最少的为 30 元以下和 150 元以上这两个区间，分别为8.42% 和 9.47%。详见图 6-5。

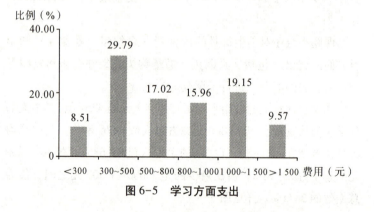

比例（%）

图 6-5　学习方面支出

　　课题小组分别对三类支出计算得到它们的平均值和标准差，见表 6-1。表 6-1 中的数据表明，学生的每月平均总支出为801.05 元，平均差距为 335.76 元，说明学生的月总支出之间还是存在着一定差距的；月平均伙食费为 485.26 元，占每月总支出的 60.58%，平均差距为 215.2 元；月学习费用为 79.32 元，占月总支出的 9.90%，平均差距为 45.65 元。通过数据分析得出，学生的生活费相当大一部分是用来解决吃饭问题的，用在学习上的比重比较小。

表 6-1　　　　　学生每月的支出情况　　　　单位：元

每月花销项目	M（代表平均数）	SD（代表标准差）
总支出	801.05	335.76
伙食费	485.26	215.2
学习费用	79.32	45.65

根据上述调查问卷搜集到的数据和相关分析与计算，按照每年在校 10 个月，以文理类专业收费标准，住宿费为 800 元/生进行测算，独立学院在校学生每年的教育成本约为 21 810 元。

6.1.3　独立学院家庭支付能力的情况分析

1. 学生学费的主要来源

学生学费的主要来源有父母、自身以及政府补助，详见图 6-6。图 6-6 中数据表明，学生学费主要依靠家庭支持，这一比例占到总人数的 91.58%。除了家庭的支持外，学生通过申请国家助学贷款补贴学费也是比较常见的一个途径，占总人数的 63.16%；还有 48.42% 的学生同时利用勤工俭学收入帮助学费的支付。另外还有 37.89% 的学生通过奖学金来缓解较高费用带来的压力；有 22.11% 的学生借助于亲戚的支持；仅仅有 2.1% 的学生是通过寻求社会资助和其他方法来解决学费需求的。调查说明，学生解决学费问题的三大途径为：父母的支持（91.58%）、申请国家助学贷款（63.16%）以及勤工俭学

（48.42%）。

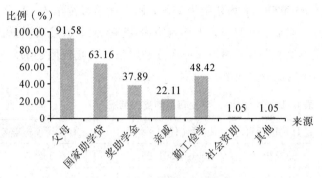

比例（%）

图 6-6　学生学费的来源情况

通过对调查数据的计算可得到三者的平均值，详见表 6-2。获得奖助学金的学生，他们获得的平均额度为 2 738.37 元，占每年教育成本的 12.55%；申请了助学贷款的学生，其平均额度为 5 388.89 元，占每年教育成本的 24.71%；勤工俭学学生的平均月收入为 239.47 元，占每年教育成本的 1.10%，这个占比是很少的。但是对比月平均勤工俭学收入 239.47 元和学生月平均伙食费 485.26 元，可以看出，学生进行勤工俭学获得的收入大约可以解决一半的伙食费。

表 6-2　学生获得奖助学金、助学贷款、勤工俭学情况

单位：元

项目	M（代表平均数）
奖助学金	2 738.37
助学贷款	5 388.89
勤工俭学	239.47

2. 学生家庭的收入情况

学生家庭的收入来源详见图 6-7。图 6-7 中的数据表明，

被访学生中有 61.29% 的学生家庭收入主要来源于农业生产，13.98% 的学生家庭收入主要来源于经商，7.53% 的学生家庭收入主要来源于私营企业或外资，7.53% 的学生家庭收入主要来源于国有企业。

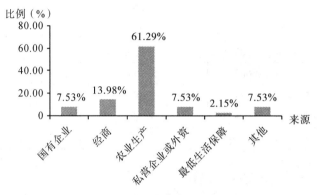

图 6-7　学生家庭的收入来源

学生家庭的年收入情况详见表 6-3。被访学生中有 30.77% 的学生家庭年收入范围为 5 000~8 000 元，15.38% 的学生家庭年收入范围为 8 000~10 000 元，13.19% 的学生家庭年收入范围为 30 000~50 000 元，12.09% 的学生家庭年收入范围为小于 5 000 元。所有调查者家庭的年平均收入为 21 445.05 元，这个数据表明处于平均水平的家庭，其年收入甚至都不够用来负担独立学院学生一年的教育成本。不同家庭年收入间的平均差距为 40 589.98 元，这个差距几乎为平均值的两倍，表明不同家庭间的年收入差距还是很大的。

表 6-3　　　　　　　学生家庭的年收入情况　　　　　　单位：元

收入范围	百分比（%）	均值
<5 000	12.09	21 445.05

表6-3(续)

收入范围	百分比（%）	均值
5 000~8 000	30.77	标准差
8 000~10 000	15.38	40 589.98
10 000~15 000	7.69	
15 000~20 000	5.49	
20 000~30 000	9.89	
30 000~50 000	13.19	
50 000~100 000	3.30	
100 000~200 000	1.10	
200 000~500 000	1.10	

3. 学生家庭的支出情况

学生家庭收入的支出情况见表6-4。家庭的支出是多方面的，主要的支出包括四个方面：生活开支、教育支出、医疗和农业生产。

从家庭的生活开支来看，家庭生活开支占家庭收入的20%、30%和10%是普遍的情况，其中有31.04%的家庭将家庭收入的20%用于生活开支，有22.09%的家庭将家庭收入的30%用于生活开支，有19.77%的家庭将家庭收入的10%用于生活开支，这三个层次总共占了所有家庭的73.26%。

就子女教育的支出来看，有24.42%的家庭将家庭收入的50%用于子女的教育支出，分别有19.77%和17.44%的家庭将家庭收入的30%和40%用于子女的教育支出，其他的情况比较分散。

整体而言，家庭收入用于医疗方面的情况较简单明了，有一半的家庭将家庭收入的10%用于医疗费用，将收入的5%用于医疗的家庭有19.77%，医疗费用占家庭收入20%的家庭也有将近18.60%，这三种情况就占了所有家庭的88.37%。

农业生产方面，农业生产上的费用占比情况突出的有四个百分比：10%、0%、20%以及5%，家庭占比分别为34.12%，18.82%、17.65%以及12.94%，农业生产费用的这四种占比使得该情况下的家庭数目占总的受访学生家庭数目的83.53%，其他情况较分散。

表6-4   家庭收入的支出情况

生活开支（%）	比例（%）	子女教育（%）	比例（%）	医疗（%）	比例（%）	农业生产（%）	比例（%）
10	19.77	20	9.30	0	1.16	0	18.82
20	31.40	25	1.16	3	2.33	2.50	1.18
25	5.81	29	1.16	5	19.77	4	1.18
30	22.09	30	19.77	10	50.00	5	12.94
35	3.49	35	1.16	15	8.14	6	1.18
40	10.47	40	17.44	20	18.60	8	1.18
50	3.49	45	2.33			10	34.12
55	1.16	50	24.42			15	7.06
60	1.16	60	12.79			20	17.65
70	1.16	65	1.16			25	1.18
		70	8.14			30	3.53
		80	1.16				

根据这些数据可以得到家庭收入不同用途的均值和标准差，具体见表6-5。分析表6-5中的数据，很明显可以看出来虽然家庭收入的用途有很多，而且家庭的具体情形各不相同，但是就平均水平而言，家庭收入的44.12%用到了子女的教育问题上，相较于其他用途而言这个比重是很大的，位居第二用途的生活开支只占家庭收入的25.64%而已，其他方面的占比就更低了。而较大的标准差说明了虽然平均水平上家庭的收入大部分都用于子女的教育支付，但是不

同家庭之间的差异也是这几种用途中差异最大的一个。

表 6-5 家庭各种支出所占比例情况

家庭支出	M（代表平均数）（%）	SD（代表标准差）（%）
生活开支	25.64	12.43
子女教育	44.12	14.82
医疗	11	5.18
农业生产	10.24	7.59
其他	9.01	7.06

表 6-6 是独立学院学生家庭所能承受的学费的情况，表 6-6中数据表明家庭对于独立学院学费的平均承受能力为 4 815.79 元，还不到目前实行的学费的一半；家庭对于学费的承受能力也是不同的，标准差为 2 510.04 元。只有 12.63% 的家庭可以承担得起 8 000 元以上的学费，其余的 87.37% 的家庭对于 8 000 元以上的学费感到压力很大，52.63% 的家庭只能承受 3 000~5 000 元的学费，只有 1.05% 的家庭对 12 000 元以上的学费是感觉无压力的。由此可见，目前所实行的学费标准对于绝大多数家庭来说有很大的困难，若再加上其他费用，家庭的压力会更大。

表 6-6 家庭所能承担的学费情况 单位：元

每年学费	频率（%）	均值
<=3 000	18.95	4 815.79
3 000~5 000	52.63	标准差
5 000~8 000	15.79	2 510.04
8 000~12 000	11.58	
>12 000	1.05	
合计	100	

综上所述，目前我国独立学院教育费用较高，家庭和个人的承担过重。

6.2 关于独立学院学生投入—收益情况的调查

6.2.1 问卷设计与样本选择

1. 问卷设计

本调查问卷问题设置紧紧围绕"独立学院在校学生投入与收益评价"展开，多维度、多层次、全面地收集独立学院学生投入和收益的相关数据，分析其投入产出情况，为独立学院制定合理学费标准寻找依据。

对学生投入的调查分为两部分，一部分为学费及住宿费，此部分投入四年是固定不变的；另一部分就是在校期间的花销，根据学生在校期间的消费层次进行划分，划分为四个层面的支出，分别为学习支出（包括专业学习支付及其他学习支出）、上网支出、购物支出和外出支出。为了能够更好地掌握学生的消费支出情况，这一部分的调查还采取了封闭式调查与开放式调查相结合的方式，以尽可能地获取较为全面的数据。

对学生收益情况的调查主要从学习、生活、受教育满意度评价和自我发展规划四个维度来反映学生在校期间收益情况。其中对学习情况的调查，主要从课余时间的利用情况、入学前后对大学学习生活期望变化以及大学阶段获得的能力评价来展开；对生活情况的调查侧重于学习、生活的安排及对在校生活充实与否的评价来展开；教育满意度评价从教学方式、教学质量、教师教学态度、教师与学生的沟通、课程考核、激励机制设定以及课程设置合理性多个维度进行调查，各个层次的满意度评价分为五个等级，并对五个等级分别赋予了分值（从高到低分别为：5、4、3、2、1），以便课题组在数据分析时更好地利用和挖掘数据的信息；自我发展评价从大学学习对职业生涯影响的重要程度评价、在校四年阶段性规划与毕业后的职业规划等方面展开调查。

2. 样本选择

由于人力、物力、财力、时间的限制，本次调查以就近为原则，通过抽样调查来完成数据的收集。在调查全面开展之前，就问卷的问题设置是否恰当、能否得到较好的回答、能否反映出本次调查的目的等方面进行了局部的试调查，并据此结果对问卷设置进行了必要的微调。

为了使收集的数据更具有代表性，本次抽样调查考虑了云南师范大学商学院不同年级、不同专业学生对投入与收益不同的理解，在发放调查问卷时，在大二和大三学生之间、不同专业学生间进行了一定的配比，详见图 6-8 和图 6-9。为了确保调查对象能够较好地理解问题，作出较为准确的回答，课题小组专门组成了问卷调查与收集小组负责本次调查。

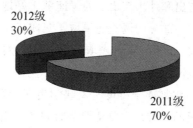

2012级
30%

2011级
70%

图 6-8　调查问卷年级分布

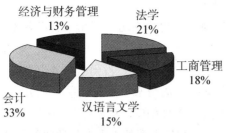

图 6-9　调查问卷专业分布

6.2.2　独立学院在校大学生投入费用调查数据

1. 学费及住宿费投入

课题小组收集了 2014 年云南省 7 所独立学院学费收取标准，虽然同处云南省，但学费收取标准在不同学院、不同专业及不同区域间存在一定的差异。

从专业来看，学费收费标准最高的是艺术类专业，为 15 000 元/年和 18 000 元/年两个档次；文理类专业收费标准为 10 000 元/年、11 000 元/年、13 000 元/年三个档次；医护类专业收费标准为 12 000 元/年。

从地区来看，学费收费标准最高的学校是地处丽江的云南大学旅游文化学院，其余 6 所独立学院的学费收费标准基本上一致。

在住宿费收费标准方面，7 所独立学院是一致的，4 人间是 1 200 元/生，6 人间是 800 元/生，8 人间是 600 元/生。

依据问卷调查收集的数据，按照每年在校时间为 10 个月，以文理类专业收费标准 10 000 元/年进行测算，独立学院在校学生每年总投入额约为 20 515 元，其中学费和住宿费约占到了年总投入额的 55%（详见图 6-10），构成了学生在校期间的主要的且固定不变的投入。

2. 学习投入

学生在校期间的生活支出主要用于自己基本生活、学习、上网、购物、外出等。据问卷调查数据测算，平均月生活支出约在 840 元至 1 024 元之间①，占到了年支出总额的 45% 左右。其中，大部分学生月消费水平主要集中在 800 元至 1 500 元之间，约占到调查人数的 64%，其次约有 19% 的学生月消费水平在 800 元以下，只有较少数的学生在校期间的月消费水平超过了 2 000 元，详见图 6-10。

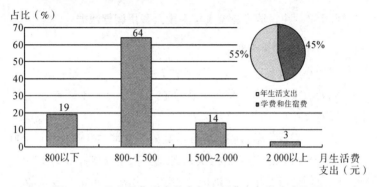

图 6-10 月生活费支出分布与生活费占年总支出比重

注：固定支出包括学费和住宿费，年生活支出以每年在校十个月进行测算。

在学习上的投入，平均每月约在 121 元至 167 元之间。见图 6-11，在学习上的投入最高达 400 元到 500 元，所占比重约为 5%，而在学习上的投入在 50 元以下的学生也高达 13%。由此可见，在学习消费偏好上存在明显差异，对学习重视程度的两极

① 本报告所涉及的均值均以区间估计的方式给出。本次调查对象个数超过了 30 个，随机变量的分布近似于正态分布，在进行均值区间估计时，将置信度设定为 95% 正态分布估计，得到了均值区间分布。

分化较为严重，"象牙塔"式的大学环境给在校学生提供了较为宽松的学习生活环境，日趋激烈的就业环境并没通过"倒压"作用，给在校学生带来太多的学习压力。

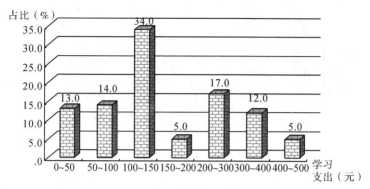

图6-11　每月用于学习支出分布

　　网络已经成为现代生活中不可分离的一部分，对当代大学生而言更是如此。基本上所有学生都在网络上或多或少都有花销，上网支出平均每月在 61 元至 70 元左右。从图 6-12 可知，约有超过一半的学生上网花销每月在 50 元至 100 元，约有 14% 的学生上网花销超过了 200 元。

　　在专业学习的投入上，平均每月约为 70 元至 100 元。然而从比例上来看，专业学习投入在 100 元以下的比率约为 74%，投入在 100 元以上的学生所占比重不足 100 元以下学生比重的 1/2，见图 6-12。由此可见，在专业学习投入上离散度较高，变异性较大，充分显示了专业学习投入上的两极分化。

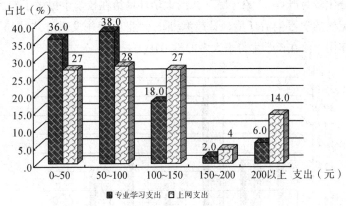

图6-12　专业学习投入与上网支出对比分布

6.2.3　独立学院在校大学生满意度调查数据

1. 教学满意度

大学所有的活动都是紧紧围绕着教学展开的，教学是大学教育的中心，教学的好坏直接决定了人才培养质量的高低；同时也是一个学校办学理念、办学水平的体现，充分体现了学校的核心竞争力的强弱。而对教学好坏的评价应当从多个角度考查，不仅要考查社会的评价、同业的评价、家长的评价，更重要的是要考查学生的评价。作为直接受教育的主体，他们从教学过程中汲取的知识，直接决定了其将所汲取知识转化为专业技能的能力，而专业技能水平是学生走向社会，参与社会工作过程中的核心竞争力之一。由此可见，对于在高等教育事业中较为年轻的独立学院而言，教学的好坏直接关系到学校能否在日趋激烈的高等教育竞争环境中脱颖而出，成为独立学院塑造办学风格、凝炼办学特色、强化自身品牌效应的关键。

本次进行的教学满意度调查①，主要从教学方式、教学质量、考核方式、激励机制、教师态度和教师与学生沟通六个层面展开。学生对受教育的满意度评价分布见图6-13，其中满意度评价最高的是对教师教学态度评价，评价最低的是激励机制。若以5分作为各项评价的最高得分，可以看出学生对教学上的评价主要介于"满意"与"一般"之间。

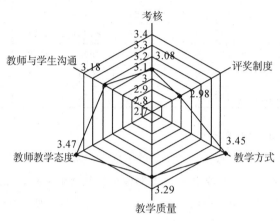

图6-13　教学评价满意度分布

而从各项目满意度的均值分布而言，教学质量、教学方式满意度的评价离散程度要低于其他各项，除对教师教学态度均值高于这两项之外，其余各项的都低于这两项评价（详见表6-7）。由此可见，对教学质量和教学方式满意度的评价较其他各项更集中，满意度也较高，得到大部分学生的一致认可，但相对于理想状态还有较大的差距。而对激励机制的评价却与教学

---

①　对满意度调查的问题设置采取的是"五级划分法"，即"非常满意、满意、一般、不满意、非常不满意"，并根据满意度的高低分别给予选项给予的赋值（满意度从高到低分别赋予了5、4、3、2、1），并据此对各项目满意度作出推测。

质量和教学方式满意度的评价截然相反，既离散程度较高，均值较低，由此可见学生对该项的评价分歧较大，总体评价较低，说明学校的评奖制度有待进一步改进与完善。

表6-7　　　　　教学评价各项满意度估计值分布

项目	考核	评奖制度	教学方式	教学质量	教师教学态度	教师与学生沟通
均值	3.08	2.98	3.45	3.29	3.47	3.18
方差	0.55	0.72	0.47	0.47	0.63	0.69
标准差	0.74	0.85	0.68	0.68	0.79	0.83
估计值上限	3.23	3.15	3.58	3.42	3.63	3.34
估计值下限	2.93	2.81	3.32	3.16	3.31	3.02

2. 生活满意度

（1）兼职已成为大学生活的一部分

在校学生的日常开支绝大部分来自父母的支持，除此之外主要的经济来源途径还有兼职、奖学金及其他，见图6-14。图6-14中的数据表明，在校期间有过兼职经历或以兼职的方式解决部分或全部生活开支的学生占到了被调查者的22%左右，可见，兼职已成为大学生生活中的一部分。通过兼职学生可以更早地接触社会，了解社会，若能够利用好兼职这一连接学校和社会的方式，学生能够更好地认知社会，认知职场，据此规划自己的职业生涯，有的放矢地进行选择性学习，提高学习效率，并在社会实践过程中提升理论联系实际、解决具体问题的能力。

（2）对大学阶段学习重要性及影响的看法差异较大

大学学习的过程是以专业知识与专业技能培养为中心，综合能力得到提升的过程。随着学习的不断深入，对所获取的知识、人际关系、大学生活经历等方面重要性的认识也在发生着相应的变化。就如何看待获取知识、建立人际关系网以及大学

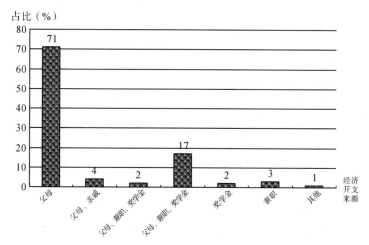

占比（%）

图6-14 独立学院在校学生经济开支来源分布

经历这三者的重要程度上，2012级83%的学生认为有一个大学生活经历和建立起人际关系网比较重要，而认为获取知识比较重要的学生仅为17%；2011级学生中认为获取知识更为重要的比重达到40%，详见图6-15。

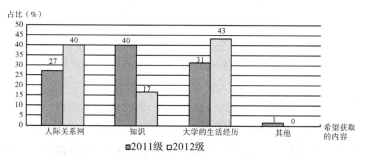

占比（%）

图6-15 大学学习希望获取的内容

就大学学习对今后人生影响的评价来说，2011级的总体评

价要远远超过 2012 级，两个年级评价的平均得分别为 4.34 和
3.53①。2011 级约有 57% 左右的学生认为大学学习对今后人生
有着很大的影响，认为"不好说的"占 20%。2012 级仅有 20%
学生认为有很大的影响，约为 2011 级的 1/3 多一点，而认为
"不好说"的学生所占比重高达 40%，直接回答"没有影响"
的学生也占到了 13%。详见图 6-16。

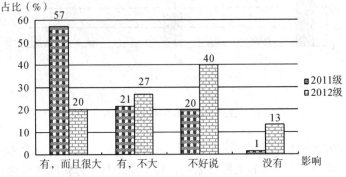

图 6-16　大学学习对今后人生的影响

（3）生活充实度不高，学习期望落差较大

大学生活是否充实直接反映了学生在校期间学习目标是否
明确，时间利用是否充分，对学习及自我发展期望要求的高低。
调查显示，商学院学生对大学生活充实度的总体评价不高，两
个年级的评价呈现出较大差异。表 6-8 中的数据显示，2011 级
学生对大学生活充实度的评价要高于 2012 级学生的评价，两个
年级在这一指标的平均得分别为 3.1 和 2.67，并且评价的变
异度 2011 级也要低于 2012 级，两个年级标准差分别为 0.8 和
1.01②。图 6-17 显示，2011 级学生对大学生活充实度评价主要

---

① 采用的方法与注释 2 相同。
② 采用的方法与注释 2 相同。

集中在"一般"，约占了57%，认为非常充实和充实的学生仅占到了28%，而认为不充实和很空虚学生的比重达到了15%；2012级认为不充实和很空虚的学生所占比重近高达47%，是2011级的3倍。由此可见，低年级学生的大学学习生活目标较为模糊，由此导致定位不清晰，失去了努力的方向。

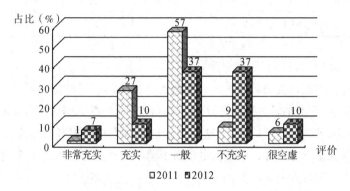

图6-17　大学生活充实度评价分布

从入学前后学生对大学学习、生活的期望来看，学生在入学前对学习、生活的期望普遍较高，平均期望值高达4.03。进入大学之后，期望有了较大的落差，平均期望值下降到了3.3。表6-8中的数据还显示出学生入学前对大学生活、学习的期望评价的分布较入学后的分布更加集中，这必将引起部分学生消极地对待大学学习和生活，进而导致他们对大学生活充实度的评价不高。

表6-8　　　　　大学生活、学习期望评价

项目	大学生活充实评价		对大学学习、生活的期望	
	2011级	2012级	入学前	入学后
均值	3.10	2.67	4.03	3.3
方差	0.63	1.02	1.31	1.51

表6-8(续)

项目	大学生活充实评价		对大学学习、生活的期望	
	2011级	2012级	入学前	入学后
标准差	0.80	1.01	1.14	1.23
估计值上限	3.29	3.03	4.25	3.54
估计值下限	2.91	2.30	3.81	3.06

（4）时间利用率有待提高

本次调查的数据显示，被调查对象平均每天的空闲时间约为4.55个小时，据此进行的总体区间估计所得空闲时间分布在4.86小时至4.24小时，这一数据说明学生们的学习较为紧张。除课堂学习之外，学生们主动用于学习的时间均值约为1.59小时，仅占到空闲时间的1/3左右。并且在所调查的两个年级之间的分布也存在明显的差异，2011级空闲时间均值约4.42小时，2012级空闲时间约为4.01小时，这说明2012级学生的学习要比2011级学生的学习更加紧张。除课堂学习以外，2011级学生主动学习的时间约为2小时，占到其空闲时间的40%，2012级为1小时，不到其空闲时间的25%，由此可见，学生课余时间的利用率还比较低。相比较而言，2011级的学生对课余时间的安排要比2012级的学生更加合理。

3. 收费满意度调查及分析

"大学生就业难"已成为每年毕业季的焦点话题，"校飘"一族、"啃老"一族已不再鲜见，求职大学生挤爆了人才市场，"公务员热""农信社热"日益升温，家长与学生对"未就业先失业的担心"日益凸显，读书无用论再次席卷全国，学生对大学教育的投入与收益评价越来越不容乐观。在对大学阶段成本与效益的评价上，约有59%的2011级学生认为"成本大于效

益"，仅有 10% 认为效益大于成本，17% 认为大致上对等；而
2012 级学生认为成本大于效益的比例高达 90%，仅有 3% 认为
"成本与效益大致"对等。详见图 6-18。

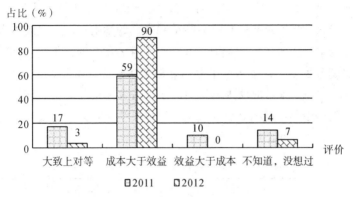

图 6-18　2011 级和 2012 级学生对大学成本与效益评价分布

图 6-19 表明，在不同专业间，对大学阶段的成本与效益的
评价也表现出类似的特点，认为"成本大于效益"的学生占比
都超过了五成，经济类、管理类学生的评价要低于法律类和语
言类学生的评价。

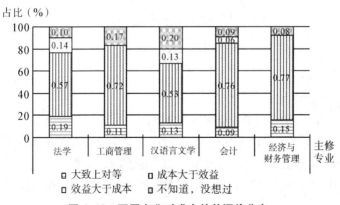

图 6-19　不同专业对成本效益评价分布

表 6-9 中的数据显示，学生成绩的好坏对大学阶段成本与效益的评价有着较为明显的影响。在班级排名前十五的学生中，认为"成本与效益大致上对等"约占到了 32%，远远高于班上排名靠后同学的评价；认为"效益大于成本"仅占到了 7% 左右，其中比例最高的是排名靠前和靠后的学生；认为"成本大于效益"占到了绝大部分，其中前十五名学生的比重最低，但也超过了 50%，排名在十五名之后学生这一评价超过了 70%。由此可见，学习成绩排名靠前的学生对大学阶段效益的整体评价要高于学习成绩靠后的学生，学习成绩与对大学阶段成本与收益评价之间呈现出了同向变动关系。

表 6-9 成绩排名对大学阶段成本与效益评价统计表

项目			您现在的学习成绩综合排名大概居于班级的			合计
			1~15 名	16~35 名	36~55 名	
您认为大学阶段的成本与效益的关系为	大致上对等	所占比例（%）	32	7	9	13
	成本大于效益	所占比例（%）	50	73	74	68
	效益大于成本	所占比例（%）	9	5	9	7
	不知道，没想过	所占比例（%）	9	16	9	12
合计		所占比例（%）	22	44	34	100

4. 自我发展满意度调查及分析

（1）毕业后的人生规划不清晰

"人无远虑，必有近忧。"对于大学生而言，毕业之后走入社会，才是人生考验的开始，加之激烈的就业竞争环境，必然促使越来越多的学生在大学学习阶段就对今后的职业生涯作出规划。图 6-20 的数据显示，九成以上的学生都有自己的人生规划，有人生规划并"很丰满"的学生不足 1/10，有规划但"不成熟"的学生占到了 75%，"没有规划"或"不好说"的学生所占比重接近 1/5。可见，虽然绝大部分的学生都有自己毕业后的人生规划，但能够清晰制订自己人生规划的学生不足一成，还有相当多的学生没有认真思考过自己的人生规划。

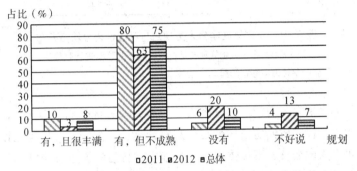

图 6-20 2011 级和 2012 级毕业后人生规划制订情况分布

对调查问卷所获得的数据进行赋值整理之后所得的均值分布结果显示（详见图 6-21），均值分布的集中度与班级排名呈现反方向的变动（排名从高到低，三个小组均值标准差分别为 0.37、0.68、0.72）。这说明学习成绩与人生规划之间存在着同向变动的关系，即排名越靠前的学生人生规划越清晰，并更加成熟，而排名越靠后的学生人生规划清晰度越低，规划成熟度越低，甚至没有进行过规划。数据还显示，在不同年级之间人生规划也存在一定的差异，2011 级人生规划平均得分为 3.96，而 2012 级则为 3.57，均值标准差 2011 级要低于 2012 级，分别为 0.57 和 0.76。总体而言，高年级学生较之低年级学生有更强的规划性，并且规划更加成熟、清晰。

（2）阶段性目标不明确

"凡事预则立，不预则废。"大学学习是树立自我成长意识、

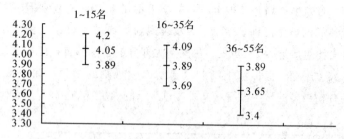

图 6-21　不同排名学生人生规划与可行性得分均值分布

注：图形是根据人生规划及是否可以实现的强弱进行赋值后，进行区间估计所得数据绘制。

培养良好学习习惯、提升个人综合能力的关键时期。因此，在大学阶段养成制定阶段性目标来有计划、有方法、有步骤地推进个人的成长，不仅体现了一个学生对自己的人生有明晰的定位，也体现了其为了实现目标采取行动的主动性，并能够根据目标实现情况来衡量自己的执行能力，以此不断改进自己的思考方式与行为方法。

　　然而，本次调查数据显示，学生们在阶段性目标制定和实施方面情况并不理想。绝大部分学生都能够制订阶段性计划，仅有 5%的学生没有制定过阶段性目标，但制定之后能够有效实现的学生所占比重仅为 13%，近 60%学生对自己制定的阶段性目标的实现并没有太大的把握，约有 23%的学生直接就未能实现阶段性目标。在不同年级间也存在一定的差异，相对于 2012级，2011 级学生阶段性目标制定与实现的有效性稍高，"有阶段性目标并能够很好实现"所占比例是 2012 级的两倍，"有，基本不可能实现"所占的比重仅为 2012 级一半多一点，而"无阶段性目标"学生所占比重仅为 2012 级所占比重的 1/13。详见图6-22。

　　调查数据还显示，学生学习成绩与"阶段性目标制定和实

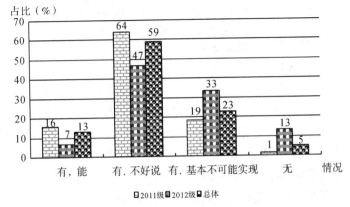

占比（%）

図 6-22　2011 級、2012 級大学四年阶段性目标制定情况

现"存在着同向变动的关系。班级排名在前十五名的学生，"阶
段性目标制定与实现"平均得分为 4.18，高于排名靠后学生得分
均值。并且，其均值分布的离散度也存在同样的特点，排名靠最
后的学生对"阶段性目标制定与实现"的变异性最大，其标准差
为 0.85，远远高于前两个小组的 0.57 和 0.55。详见图 6-23。

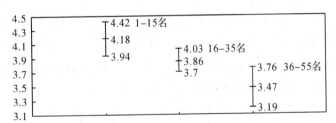

図 6-23　班级排名与"阶段性目标制定和实现"平价均值分布

6.2.4　独立学院学生投入—收益分组对比分析

1. 大学成本及机会成本

（1）成本构成

大学学习成本主要由显性成本和隐性成本两部分构成。显性成本包括学杂费以及其他的相关支出。调查数据显示，学生每学期的学费大约是 10 000 元，每学年住宿费约为 1 200 元，每月生活支出为 936 元左右，按一学年十个月计算，学生每年的花销大概在 20 560 元，这就是显性成本。

学生一般只关心的是花出去、看得见的成本，却忽略了看不见的成本——隐性成本。从踏进大学校门的那一天开始，学生就失去了选择读完高中之后直接进入劳动者行列的机会。按照在昆明务工人员的平均工资来看，若不就读大学，可以直接参与社会就业，每月至少可以获得 1 800 元，则一年就可以获得 21 600 元左右的工资收益，这一部分收入就是学生选择就读大学而放弃的直接参与就业的工资收入，就是隐性成本。

（2）机会成本

读大学的机会成本由两个部分组成：一部分是读大学的显性成本——财（第一个财），另一部分就是由于选择读大学所失去的就业机会带来的收益——隐性成本（第二个财）。由此可得就读大学的机会成本不仅包括 20 560 元/年×4 年 = 82 240 元的学费、住宿费和在校消费支出，还应当包括放弃工作而放弃的工资收入 21 600 元/年×4 年 = 86 400 元。

伴随着经济持续、快速的增长，通货膨胀也正悄然地使生活成本快速攀升，同时工资收入水平也正在快速提高，而大学生就业难却没有得到较好的解决。由此可见，就读大学的机会成本正在不断增加。

（3）沉没成本

进入大学之后，就是要从所购买到的教育服务中把自己从一块可塑之材变为社会的有用之才。这包括了以下四个方面的内容：社会实践能力、职业生涯规划、基础素质、专业技能达标。学生通过充分利用所购买到的学校资源和大学四年的时间，使自己这四个方面的能力得到全面提升，达到学校预期的培养目标和社会需求的标准。在这里必须要考虑两种结果：一种是学到在校期间该学的知识和能力，实现自己的目标；另一种就是相反的情况，未能达成预期的结果。后者就好比我们的投入沉入大海中一样，全无影踪，成了沉没成本，无法收回。

2. 学生的满意度差异

对学校满意度的评价，2011 级和 2012 级学生之间的差异较大。2011 级学生对学校满意的评价占到了 23%，2012 级为 10%，不足 2011 级的一半；不满意所占比例 2011 级为 9%，2012 级却高达 40%，是 2011 级的 4 倍多。由此可见高年级对学校的满意度要高于低年级。详见图 6-24。

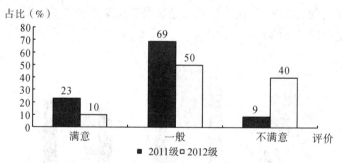

图 6-24　2011 级和 2012 级学生对学校满意度评价

学习成绩排名不同的学生对学校的满意度评价也存在较为明显的差异。排名靠前的学生对学校满意度的评价要高于排名靠后的学生的评价。图 6-25 中的数据显示，班级排名前十五位学生对学校满意度评价"一般及以上"所占的比重超过了90%，而排名靠后的同学的这一评价所占的比重为71%，低了近20个百分点。

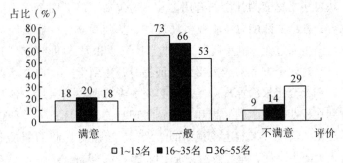

图 6-25　班级不同排名学生对学校满意度评价

图 6-26 中的数据显示，不同专业学生对学校的满意度评价差异较大。对学校满意度评价为"满意"所占比例最高的专业为法学，满意度约为57%；评价最低的专业是工商管理专业与会计专业，仅为6%；而对学校满意度评价为"不满意"所占比重最高的专业为会计专业（为30%），其次为经济与财务管理专业（约为23%），比重最低的是汉语言文学专业（为7%），不足会计专业的1/4。

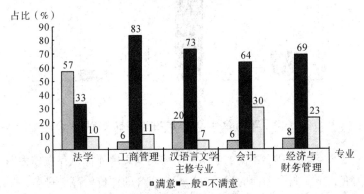

图 6-26　不同专业学生对学校满意度评价

3. 教育资源利用差异

（1）纸质图书资源利用率不高

2011 级学生对对学校藏书量满意度评价要高于 2012 级学生。2011 级回答"非常不满意"的学生所占比例不足 1%，而 2012 级高达 27%；2011 级回答"满意"和"非常满意"的学生所占比例近 30%，2012 级仅占到了 17%。详见图 6-27。

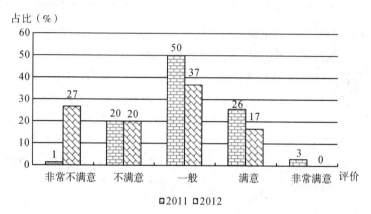

图 6-27　2011 级和 2012 级对学校藏书量满意度分布

表 6-10 中的数据显示，不同专业对图书馆藏书数量满意度评价也有一定差异。对图书馆藏书数量满意度评价总体而言较低，均值为 2.89，由此可见学生对图书馆藏书的利用效率并不高。其中，对图书馆藏书数量满意度评价最高的专业是法学，均值为 3.29，评价最低的是会计专业，均值为 2.58，并且会计专业评价的离散程度最高，表明不仅评价低，而且评价的变异性也大于其他专业。

表 6-10　不同专业对图书馆藏书数量满意度评价平均值分布

项目＼专业	法学	工商管理	汉语言文学	会计	经济与财务管理	合计
均值	3.29	3.00	2.93	2.58	2.85	2.89
方差	0.78	0.56	0.46	1.03	0.90	0.86
标准差	0.88	0.75	0.68	1.02	0.95	0.93

（2）电子图书馆利用不理想

从对于电子图书馆满意度评价来看，总体满意度评价偏低，见图6-28，均值仅为2.77，要低于对图书馆藏书数量的满意度评价。由此可见，学生对电子图书馆的利用率并不理想。在不同年级之间，高年级学生的评价要高于低年级学生，满意度为"满意"及"非常满意"的评价，2011级为20%，2012级为27%，差异性不大，差异性最大的评价为"非常不满意"，2011级占比仅为4%，但2012级却高达23%。

占比（%）

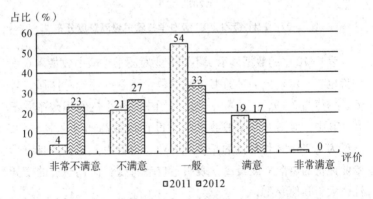

图 6-28　2011 级和 2012 级对学校藏书量满意度分布

表 6-11 中的数据显示，不同专业对网上图书馆满意度评价变异性较大。其中满意度评分最高的专业为法学，均值为 3.1；

评分最低的专业为汉语言文学，仅为 2.53。对电子图书馆评价变异性最低的也是汉语言文学，由此可见，该专业的评价一致性要高于其他专业。

表 6-11　不同专业对网上图书馆满意度评价均值分布

项目\专业	法学	工商管理	汉语言文学	会计	经济与财务管理	合计
均值	3.10	2.94	2.53	2.58	2.77	2.77
方差	0.85	0.94	0.38	0.73	0.79	0.80
标准差	0.92	0.97	0.62	0.85	0.89	0.89

6.2.5　独立学院学生投入—收益分析结论

根据以上问卷调查结果，课题小组发现从生活满意度、学习满意度、收费满意度和自我发展满意度四个大指标项目来看，独立学院的学生教育服务满意度普遍不高。

根据上面的比较结果，我们可以进一步分析得出：云南省独立学院学生在比公立高校学生缴纳更高的学费成本之后，所享受到的教育服务还很难满足自身的要求（学生普遍对学校状况、学校设施等满意程度较低），更不用说为他们带来更高的教育收益。综合起来就是说，独立学院学生目前正处于一种"高投入、低收益"的状况。

6.3　关于独立学院办学经费来源的调查

6.3.1　样本调查

办学经费的相关数值和数据对于公办高校或者是民办高校

来说是属于保密的财务数据，极少对外公布。对于研究独立学院的办学经费问题，相关数据的获取同样存在一定的难度。

前文已提到，截至目前云南省共有七所独立学院，不论是办学规模、办学条件还是教学水平等，云南师范大学商学院均名列前茅。此外，云南师范大学商学院还多年蝉联中国校友会网中国独立学院排行榜前十强，因此，该校具有一定的代表性。在此次的调查中，课题小组特选取云南师范大学商学院作为调查对象。由于调查内容中关于办学经费收入和办学经费支出的数据涉及财务保密数据，课题小组通过与被调查者的沟通和协调，本书在研究中不使用绝对值，而是采用相对值来进行分析，这样在一定程度上可以避免被调查对象的财务机密泄密。

6.3.2　数据分析

1. 云南师范大学商学院办学条件情况

表6-12是云南师范大学商学院提供的该校2012年办学条件情况一览表。这个情况一览表主要从师资队伍、校园硬件、教学仪器设备情况和图书情况四个方面就各个二级明细指标进行了自身状态分析，并与财经类的院校检查标准进行了比较。

从表6-12中可以看出，在师资队伍建设方面，云南师范大学商学院生师比接近检查标准，具有研究生学位及高级职务教师占专任教师的比例则明显高于检查标准；在校园硬件方面，云南师范大学商学院生均占地面积和生均教学行政用房均低于检查标准，还存在着不足，而生均宿舍面积则以9.13平方米/生超过了检查标准的6.5平方米/生；教学仪器设备情况比较理想，各项指标均达到了检查标准，如生均教学科研仪器设备值3 000元/生符合检查标准，百名学生配教学用计算机台数，为检查指标的两倍还多，百名学生配多媒体教室和语音实验室座位个数更是超出检查指标的18倍还多；在图书情况方面也还存在着一些不足，检查指标中生均图书为 100 册/生，而云南师范大学商学院的状态仅为 57 册/生。

表 6-12　云南师范大学商学院办学条件情况一览表

（截至 2012 年 12 月底，在校生人数：15 908 人）

	指标	检查标准（财经类）	商学院状态	备注
师资队伍	1. 生师比	18	17.99	
	2. 具有研究生学位教师占专任教师的比例（%）	30	52.6	
	3. 具有高级职务教师占专任教师的比例（%）	30	32.6	
校园硬件	4. 生均占地面积（平方米/生）	54	31.4	
	5. 生均教学行政用房（平方米/生）	9	6.8	
	6. 生均宿舍面积（平方米/生）	6.5	9.13	
教学仪器设备情况	7. 生均教学科研仪器设备值（元/生）	3 000	3 000	
	8. 百名学生配教学用计算机台数（台）	10	20.8	
	9. 百名学生配多媒体教室和语音实验室座位数（个）	7	128	
	10. 新增教学科研仪器设备所占比例（%）	10	13	
图书情况	11. 生均图书（册/生）	100	57	
	12. 生均年进书量（册）	4	4.1	

数据来源：云南师范大学商学院提供。

2. 云南师范大学商学院办学经费情况

通过对云南师范大学商学院 2013 年办学经费收入和办学成本支出的数据进行整理，课题小组得到办学经费收入与支出比例的数据，见表 6-13。

表 6-13   云南师范大学商学院 2013 年办学经费
收入与支出比例分析表

办学经费收入		办学经费支出	
收入项目	所占比例（%）	支出项目	所占比例（%）
学费总收入	84.0	基础设施建设	68.00
财政补助收入	6.60	设备采购	5.20
捐赠收入	0.20	教学经费	17.70
服务性收入	7.60	教学改革及研究	0.80
其他收入	1.60	其他支出	8.30
总收入	100.0	总支出	100.00

数据来源：云南师范大学商学院提供。

根据表 6-13 中的数据我们可以看出，该校办学经费收入的
来源渠道主要集中在以下几个方面：

（1）学费

表 6-13 中的数据反映出，云南师范大学商学院在 2013 年
度办学经费的收入中，84.0% 来自学生的学费。这与前面对于
独立学院在办学经费收入来源分析中的内容相一致。确实因为
办学体制的限制，独立学院无法更多地从国家和当地政府获得
财政拨款和投入，只能主要依赖于自身办学过程中面向学生收
取的学费。

（2）财政补助收入

国家对独立学院的资助主要包括当地政府和教育厅给予的
贫困生补助金及奖学金，还有科研课题、教改项目立项的支持
费等。这部分补助比例占到 6.6%。

（3）捐赠收入

捐赠收入通常情况下来自学校毕业的校友或者社会上的企
业及机构。独立学院由于办学时间较普通高校来说比较短，得

到知名校友或者爱心企业及机构捐赠的比例较低。通过2013年的数据可见，这项数据仅占到0.2%。

（4）服务性收入

服务性收入一般来自收取学生住宿费、培训费和考试费的收入。通过比对数据发现，云南师范大学商学院服务性收入的比例达到7.60%，属于办学经费收入来源的次要渠道。

（5）其他收入

其他收入主要来自学校商业中心的收入。其中商业中心收入类型包括：临时摊位、教室、练功房、健身房、运动场所、鼓房等使用收费；食堂、商铺水电费盈利；罚款；食堂提取管理费；商铺刷卡机提取管理费；浴室收入等。这部分收入占总百分比的1.60%。

课题小组通过对云南师范大学商学院办学经费支出的数据进行分析，不难发现该校在2013年中，支出项目主要集中在以下几个方面：

（1）基础设施建设

此项目支出主要用于支付建设过程中的征地费用和其他各项建设费用上。通过表6-13我们可以发现，基础设施建设在办学经费支出明细项目中达到68.00%，远远超过其他各项指标。之所以出现这种情况，就是由于为了规范与引导独立学院的改革发展，教育部在2008年颁布了《独立学院设置与管理办法》，对独立学院的办学条件和办学规模作了明确规定，并明确表示只有5年申请考察验收期。鉴于这种现实情况，全国各独立学院都在加紧基础设施建设，云南师范大学商学院也不例外。

（2）设备采购

这部分的支出主要用于为开展教育教学活动采购各种设备。它包括教学仪器和教学用具等，这部分比例达到5.20%。

（3）教学经费

教学经费一般是学院为开展教学所购买的实训耗材、实习费、兼职教师聘用、体育维持费等费用。这部分经费也是目前云南师范大学商学院除去基础设施建设费用之外的另外一项重要支出项目，占全部支出的 17.70%。

（4）教学改革及研究

教学改革及研究主要是指学校为推动学科专业建设与发展，提高本校教师的科研水平而投入的经费。由于各种原因，这部分支出所占比例较小。

3. 云南师范大学商学院生均费用支出明细

云南师范大学商学院提供的《2013 年度高等教育质量报告数据》中，按 2013 年学生人数 15 908 人计算，生均本科教学日常运行支出每生为 1 159.40 元，本科专项教育经费为 96.87 元，生均本科实验经费为 77.30 元，生均本科实习经费为 100.39 元。具体明细详见表 6-14。

表 6-14　　云南师范大学商学院生均费用支出明细

序号	名称	总额（元）	学生人数（人）	生均额（元）
1	生均本科教学日常运行支出	18 443 770.27	15 908	1 159.40
2	本科专项教育经费	1 540 990.33	15 908	96.87
3	生均本科实验经费	1 229 711.20	15 908	77.30
4	生均本科实习经费	1 597 009.20	15 908	100.39

数据来源：云南师范大学商学院《2013 年度高等教育质量报告数据》。

6.3.3　云南师范大学商学院办学经费来源存在的问题

通过对云南师范大学商学院所提供的办学经费收入和支出的相关数据进行分析后，课题小组发现，云南师范大学商学院及其他独立学院可能在办学经费来源方面存在的问题如下：

1. 办学经费筹措体制不健全

由于 1978 年以前，我国实行计划经济体制，高校办学经费几乎完全依赖国家财政拨款。改革开放以后，我国高等教育财政体制也发生了改变。高等教育投资方式由中央统一拨款改为分级计划拨款；拨款方式由"基数+发展"改为"综合定额+专项补助"。高校办学经费由完全依赖国家财政拨款逐步向以国家财政拨款为主、多渠道筹措教育经费的体制过渡。

通过表 6-15 我们可以发现：在 1996—2005 年这十年间，我国高等学校教育经费总体趋势已经显示出国家财政性教育经费拨款比例在十年间平稳下降，而学费和杂费的收入的占比都大幅上升。社会团体和公民个人办学经费、社会捐资和集资办学经费及其他教育经费的比例还较低。

表 6-15　1996—2005 年我国高等学校教育经费来源构成

单位:%

年份	国家财政性教育经费	社会团体和公民个人办学经费	社会捐资和集资办学经费	学费和杂费	其他教育经费
1996	78.56	0.39	1.07	15.06	4.92
1997	76.51	0.36	1.42	16.29	5.42
1998	64.16	0.40	1.98	14.29	19.17
1999	61.84	0.51	2.14	18.03	17.48
2000	57.34	0.91	1.56	22.04	18.15
2001	50.72	1.46	1.38	22.64	23.80
2002	49.74	2.64	1.77	26.94	18.91
2003	46.80	4.14	1.37	29.29	18.40
2004	44.73	5.80	0.96	30.73	17.78
2005	42.46	6.83	0.80	31.53	18.38

资料来源：国家统计局. 中国统计年鉴 [M]. 北京：中国统计出版社，1996-2007.

总体上来说，普通高校通过非财政渠道筹措资金的比例还是低于国家财政性教育拨款的比例，并且通过非财政渠道筹措资金的一些做法还处于探索阶段。虽然有所突破，距离规范化、制度化的要求还有一定的差距。

从云南师范大学商学院 2013 年办学经费收入的项目上可以看出，独立学院在办学过程中办学收入主要依赖于学生学费，虽然也有其他途径的经费来源，但金额有限，在总收入中只占很少的份额。

公办院校的办学经费筹措体制在高等教育发展了这么多年的情况下还未能完善，独立学院因自身办学体制的限制，在办学经费筹措体制的发展上很难在较短时间内实现大幅度的改革。

2. 办学经费支出项目不均衡

表 6-12 和表 6-13 的数据显示，独立学院为完成教育部对其办学条件的评估，在办学经费支出的项目上，基础设施建设的支出部分就占到了总支出的 68.00%，这样一来，严重挤压了设备采购、教学经费、教学改革研究的支出比例。例如，在表 6-12 中我们可以看到，在图书建设方面的数据，生均图书检查标准要求 100 册/生，而云南师范大学商学院仅是 57 册/生。又如，表 6-14 中的生均本科教学日常运行支出，生均额仅为 1 159.40 元。而《普通高等学校本科教学工作合格评估》中对于生均年教学日常支出的规定是应该大于等于 1 200 元，且应随着教学事业经费的增长逐步增长。这对于独立学院来说无疑是项复杂的工程，一方面，若不进行基础设施的建设，就完不成教育部对于独立学院的考察验收，严重影响今后的办学；另一方面，如果不能按照教学工作合格评估的要求投入一定的教学经费，势必影响独立学院的办学条件和办学质量，也会直接影响到学生的培养质量，甚至关系到学校的办学口碑及社会影响力。

3. 办学经费来源渠道单一

通过对文献的整理，课题小组发现：独立学院在目前办学过程中，虽然已经形成了多渠道筹集办学经费的雏形，但严重影响办学经费来源的关键问题还是办学经费来源渠道单一，仅为学费、财政补助、捐赠、服务性及其他收入五种项目。

首先，独立学院经费来源主要是学生学费，但学费增长空间有限。《2009 中国民办高校评价研究报告》显示，我国民办高校人均学费是公办高校的两倍左右。民办本科生均学费在 1 万元以上，其中独立学院学费平均在 12 000 元，部分独立学院学费高达 15 000 元，甚至 20 000 元。如果继续保持增长态势，偏高的学费会使报考独立学院的学生望而却步，尤其是一些家庭经济困难的学生会因为上学而使家庭承受沉重的经济负担。另外，独立学院的收费标准也要严格经过省级地方政府、教育厅、物价局等相关部门的严格审批，收费标准测算则需要根据办学的成本和市场的可接受性来决定，并非学校自行设定。

其次，捐赠收入的比例小，增长不足。2008 年全国各级各类的办学经费为 84 188 亿元，其中捐赠和集资的数据为 932 亿元，仅占办学经费中的 1.1%。另据对我国部分省、市独立学院的进一步调查显示，虽然社会捐赠对高校发展的重要作用逐渐凸显，但总量仍然有限，这对于独立学院的发展没有起到应有的作用。这固然与我国的社会力量不成熟有关，更重要的是我国关于捐赠的法规也不完备，社会组织和公民个人缺乏捐赠的动力。

最后，服务性收入的空间有待开发。这部分收入是除了学费收入之外的重要来源渠道。除去宿舍费的收入受学生人数的影响无法快速增长外，独立学院应该在学生培训费、考试费及学校商业中心等方面不断创新收入类型。否则，这部分收入的流失也会对独立学院办学经费的来源造成一定的影响。

6.4 关于独立学院贫困生资助体系的调查

6.4.1 样本调查

为了更加深入地了解独立学院贫困生的现状、资助体系的实施情况以及资助实施的效果等问题，课题小组进行了"关于独立学院贫困生资助体系的调查"，调查对象仍然选取了省内最有代表性的云南师范大学商学院。

调查的主要内容包括该校 2012 年、2013 年及 2014 年全校资助工作开展情况以及 2012 级、2013 级、2014 级学生中贫困生认定情况。同时，调查小组还选择该校学生事务部的部分管理人员以及部分院系的辅导员进行了访谈。

6.4.2 数据分析

1. 贫困生基本构成情况

从表 6-16 的调查数据可以看出，云南师范大学商学院的贫困面不容小视，近三年都在 25% 左右。该校贫困生大多为来自云南各州县农村的学生，女生居多，详见表 6-17。

表 6-16　　　　　近三年全校贫困生认定情况

项目＼年份	2012	2013	2014
建档贫困生人数	4 044	4 424	4 510
占全校学生总数比例（%）	25.4	25.55	24.8
其中特困生人数	927	1 020	1 056
占全校学生总数比例（%）	5.82	5.89	5.81

资料来源：云南师范大学商学院学生事务部提供。

	2012 级	占比（%）	2013 级	占比（%）	2014 级	占比（%）
贫困生人数	1 245		1 090		1 264	
特困生人数	269		244		260	
女	865	69.48	804	73.76	878	69.46
汉族	1 023	82.17	839	76.97	1 010	79.91
农村户口	1 069	85.86	982	90.09	1 145	90.59
云南省生源	790	63.45	879	80.64	1 016	80.38

资料来源：云南师范大学商学院学生事务部提供。

结合对该校部分辅导员及管理人员的访谈情况，课题小组认为独立学院贫困生的构成主要包括五种情况：一是来自农村以及偏远地区，学生家庭收入单一或无收入来源；二是部分城镇家庭，父母一方无业或双方薪酬均不高，家庭收入偏低；三是有些家庭遭遇特殊变故，致使家庭经济滑坡；四是一些学生来自多子女家庭，负担较重；五是由于家庭的解体，出现学生无人过问状态。这些情况再加上独立学院的高额学费，客观上势必更加重了学生与家长的负担。

2. 贫困生资助工作的现状

根据国家及云南省的各项政策，结合自身实际情况，云南师范大学商学院探索构建了同普通高等学校一样的一整套以奖、贷、助、补、减等为主要形式的贫困生工作体系。

目前该校的贫困生资助形式主要有以下几种类型：①奖学金，包括国家奖学金、国家励志奖学金、省政府奖学金和省政府励志奖学金。奖学金数额大但名额非常有限，除了奖优的作用，对助困的帮助不大。②生源地贷款，指的是贫困生或其监护人向家庭所在地的银行等金融机构申请办理的无须担保或抵押的助学贷款。现每年最高金额可申请 8 000 元，但贷款名额有限。③勤工助学，学生利用课余时间，从事学校提供的一些校内岗位工作，通过自己劳动取得一定的报酬。但勤工俭学存在岗位不多、技术含量低、报酬不高等问题。④助学金及特殊困难补助，包括国家助学金、政府给予的一些临时物价或生活补助，还有校方自筹资金建立的用以解决贫困学生临时生活困难的特殊困难补助专项基金。⑤减免政策，学校对特殊困难学生，如孤残学生、烈士子女、入伍退役复学生、地震等自然灾害受灾家庭学生予以一定比例的学费减免。

此外，学校还开通了"绿色通道"，即对被录取入学、家庭经济困难的新生，一律先办理入学手续，然后再根据核实后的情况，分别采取上述"奖、贷、助、补、减"等不同的措施，确保每一位新生都不因家庭经济困难而无法入学。另外，大学生应征入伍服义务兵役学费补偿、国家助学贷款代偿政策也惠及独立学院。同时，学校也在积极拓展各种渠道筹集资金，想方设法开展多种形式的资助活动。

3. 贫困生资助体系的总体效果

云南师范大学商学院的贫困生资助工作在总体上已经取得了初步的成效，得到了学生的认可。根据统计数据，从 2007 年秋季独立学院开始执行国家奖助学金政策以来，学校每年均有上千人次获得国家奖学金、国家励志奖学金、省政府奖学金、省政府励志奖学金和国家助学金，极大地帮助贫困生解决了生活和学习费用问题，对帮助其顺利完成学业功不可没。具体详见表6-18。

表 6-18　近三年贫困生受助情况统计（财政拨款）

单位：人次

资助项目 ＼ 年份	2012	2013	2014
国家奖学金	15	17	18

表6-18(续)

资助项目 \ 年份	2012	2013	2014
省政府奖学金	21	24	23
省政府励志奖学金	72	84	96
国家励志奖学金	302	366	458
国家助学金一等	782	822	1 132
国家助学金二等	2 180	2 302	3 168
合计	3 372	3 615	4 895

资料来源:云南师范大学商学院学生事务部提供。

除了财政拨款,学校还想方设法在最大程度上资助贫困生,以期使其顺利完成学业。学校每年自行评定的奖学金覆盖率都超过6%。具体措施包括:每年对当年入学的新生中的特困生有寒冬补助;对家庭遭遇突发事件、灾害等情况的学生给予临时补助等。这些举措也都得到了学生的认可。

6.4.3 独立学院贫困生资助体系存在的问题

由于独立学院成立的时间较晚,加之其高额收费的性质,独立学院贫困生这个群体一度处于被忽视的境地。虽然目前政府采取了多种方式对独立学院贫困大学生进行资助,已经形成了以"奖、贷、助、补、减"为主体,多元化的贫困生资助体系,但此项工作仍存在诸多问题,影响了资助效能。

1. 贫困生身份认定困难

家庭经济困难学生资格的准确认定,是资助工作落到实处的前提和基础,是至关重要的工作环节,也是最难处理和把握的工作难点。在实际操作中,经常遇到的问题有:

第一,家庭经济情况调查表或贫困证明的真实性。由生源地乡镇一级民政部门出具的家庭经济调查表或贫困证明，是目前学校认定学生贫困身份的主要依据。但由于我国尚未实行财产公开制度，当地民政部门不能准确掌握学生家庭的情况，为了减少工作量，加上出具证明与其并无利益关系，故地方民政部门对需开具证明者基本都"有求必应"。有的家庭甚至找熟人、托关系开具假证明。同时，一些真正贫困的学生，或由于不懂政策，或由于其他各种原因反倒开不了证明。独立学院没有条件完全做到对每一位申请的同学进行实地调查落实。这样一来，在很大程度上，贫困证明的真实性直接影响了学校贫困生认定的正确性。

第二，界定标准的统一性。学生能否获得经济困难证明是以学生生源地的生活标准为依据的，而我国各地的经济发展水平不同，生源地居民的"低保"标准当然也不一致。将持有不同标准贫困证明的学生统一到学校所在地的生活标准下，就出现了一些矛盾，同为贫困的学生之间却又有着明显的差异，以及没有贫困证明的学生比持有经济困难证明的学生更贫困等。另外，同一所学校同等条件的学生可能因不同专业的学费不同造成贫困程度不同；同一学生可能在不同阶段因为遭遇的突发的灾害事故而致贫；同等条件的学生因个人的心理承受能力、生活观念等不同呈现出不同的生活消费态度等。贫困生的这些动态的现象都使得贫困界定标准难以统一，都给贫困身份的准确认定带来困难。

第三，认定程序的规范性及易操作性。为了公开、公平、公正地处理贫困学生工作，保证资助工作的完整性、真实性、准确性，云南师范大学商学院制定了贫困生认定必须严格执行的几个程序：①学生本人提出申请，并附上相关证明材料及诚信承诺；②班级调查、访谈、民主评议；③组织召开听证会；④贫困生名单公示；⑤跟踪调查；⑥动态管理。有前期的调查评议，有后期的动态管理，中间各环节均有考虑，总体从形式上看是能做到公平公正了，然而实际操作中也常受到主客观因素的影响。第一步，学生提交的贫困证明的真实性，校方很难进行进一步核实。第二步，班级调查小组评议结果的客观性也是评定依据的难点之一。班级调查小组往往看到的只是日常生活的表象，尤其是大一新生，学生之间甚至还缺乏基本的了解，无法做到仔细地考察每一位申请者的真实情况。第三，甄别真假最核心的听证环节同样会出现失误。学校的听证程序要求申请贫困身份认定的学生需当众阐述自身家庭经济状况，有的学生善于表达，有的学生不愿多说，有的学生人缘较好，有的学生态度漠然等，学生听证当场的各种表现或多或少都会对认定结果产生影响。根本原因在于评审成员并无客观的、可量化的贫困生认定指标体系，只能根据自己的观察力和判断力进行认定，所以很容易受主观因素的影响，这也就很容易影响认定结果的准确性。第四，由于独立学院学工人员人手少、任务重，在事无巨细的烦琐工作重压下，后期的跟踪调查管理容易流于形式，即有投诉着手处理，无投诉评完了事。

2. 资助政策不健全、资助种类及形式单一

2007年5月，国务院颁布了《国务院关于建立健全普通本科高校 高等职业学校和中等职业学校家庭经济困难学生资助政策体系的意见》（国发〔2007〕13号）。2007年6月，财政部和教育部又联合出台了《普通本科高校等职业学校国家助学金管理暂行办法》（财教〔2007〕92号），明确规定将独立学院贫困生纳入政策资助的范围。经过这几年的发展与完善，国家的资助政策已全部惠及独立学院的贫困生。但与普通高等学校的贫困生相比，独立学院的贫困生在某些方面仍然无法享受到与普通院校贫困生同等的待遇。比如，在国家资助方面没有对独立学院贫困生资助的专门文件，没有对独立学院贫困生收费性质不同而区别对待，如在

国家助学贷款方面，公办本科院校和独立学院都是6 000~8 000元/年，而独立学院学费却几乎是公办院校的三倍，所以大部分的独立学院贫困生仍然感到较大压力。再有，政府和独立学院本身资金投入不足。另外，资助的种类和形式单一，额度不高，少有社会企业和个人设立的个人奖学金等。

现有资助体系中被放在首位的是奖学金，用以奖励成绩优异学生的奖学金额度一般都较高，贫困生如果能够争取到奖学金，将是评优和助困最好的结合。但实际情况是，能拿到高额奖学金的贫困生比例很小。这首先是因为高额奖金配备的是超低的获奖比例。云南师范大学商学院每年评选的校级三好学生、优秀学生干部的获奖比例是6%，而国家和政府的奖学金、励志奖学金加起来的获奖比例仅为2%~3%。其次，奖学金反映的是一个学生的综合素质，而大部分贫困生由于主客观的原因在很多方面都相对处于弱势，能脱颖而出成为尖子生的并不多。

3. 勤工俭学的助困效果不理想

现有贫困生资助体系中勤工俭学的助困效果不理想。例如，云南师范大学商学院每年能提供给贫困学生的校内勤工俭学岗位不足200个，基本都是卫生清洁、整理图书、学生助理等劳务型岗位，人均每月能获得200元左右补贴。一旦岗位有人，短时间内很难再替换。由此可见，校内勤工俭学岗位数量有限，供不应求；勤工俭学活动的层次较低，不需要发挥专业特长，很难与专业学习、能力培养和学生的成长成才结合起来。并且这些岗位占用时间较多，所得报酬甚微，很多学生并不愿意参与。此外，由于各方面的原因，独立学院勤工俭学活动的社会化困难重重。所以，就目前校内勤工俭学这一措施而言，并未达到帮助贫困生的目的。

4. 无偿资助比例过高，权利义务不对等

前文提到，云南师范大学商学院每年奖学金的获奖面约为

6%，加上每年国家助学金15%~20%的资助面，还有校方其他一些资助项目，该校无偿资助的比例可达到20%~30%。

在国家"不能让每个大学生因经济贫困而辍学"的基本资助政策下，无偿资助比例过高，反倒助长了少部分学生的惰性和依赖心理。有的学生完全依赖国家、学校和社会的资助，并且认为是理所当然的，毫无义务可言，不思进取，安于现状，产生了"等、靠、要"的依赖心理，只懂索取，不言回报，缺乏应有的感恩意识。这部分自强自律意识差的学生，把自己的境遇归咎于外界，不珍惜来之不易的学习机会，终日漫无目的，庸庸碌碌，甚至自暴自弃，成为经济困难、学习困难、思想困惑的"三困生"。无偿资助越多就越不利于他们自身人格的发展，这显然违背了资助的初衷。

5. 心理助困及能力提升工作有待提高

目前独立学院的贫困生所获得的资助主要是以"物质帮扶"为主，对其精神层面的需求和心理健康的问题，即"精神帮扶"尚有欠缺。相对于普通高等学校，独立学院学生贫富差距更大，贫困生所要承受的心理压力更大，他们有比普通高校贫困生更强烈的自卑、自尊、焦虑、攀比和幸福感缺失等错综复杂的心理特点，容易妄自菲薄，焦虑不安，自我封闭，敏感小气，多疑嫉妒等。无形的心理压力对其心理健康、日常交际、学业、就业等方面产生负面的影响，抑制其潜能的发挥，因此出现了贫困生就业能力比较低、专业能力基础弱、实践与创新能力不突出等若干困境。而对贫困生而言，经济贫困只是一种暂时现象，个人能力的单一和欠缺，则有可能成为导致他们终身贫困的威胁性因素。所以，只有在能力提升上对贫困生实施关怀与扶持，才能从根本上解决经济困难。

独立学院现已意识到对贫困生心理援助的重要性，也做了一些尝试，如针对贫困生开展座谈会、团体心理辅导等，以期更全面地帮助他们，但工作的开展并未形成常态，一些工作甚至流于形式，尚未找到一条经济帮扶和精神援助能有机结合的有效途径。

6.5   云南省独立学院教育成本分担现状

6.5.1   云南省独立学院教学经费投入情况

根据云南省教育厅于 2014 年 11 月发布的《云南省普通高校本科教育质量年度报告》（2013 年），2013 年云南省本科院校经费投入中，本科教学日常运行支出经费总额约为 61 070 万元，校均本科教学日常运行经费支出约为 2 655 万元；生均本科教学日常运行经费支出金额约为 1 729 元；本科专项教学经费总额约为 18 223 万元，校均本科专项教学经费约为 701 万元；生均本科实验经费约为 422 元，生均本科实习经费约为 425 元。

报告中没有单列出独立学院的教学经费投入情况，通过调查和了解，相比云南省公办院校教学经费投入情况，独立学院还是存在一些差距的。

作为云南省办学情况较好的独立学院之一，云南师范大学商学院在《2013 年度高等教育质量报告数据》中指出，该校生均本科教学日常运行支出为 1 159.40 元，本科专项教育经费为 96.87元/生，本科实验经费为 77.30 元/生，本科实习经费为 100.39 元/生，详见表 6-14。与云南省公布的平均数据相比较，生均实验经费仅为 1/6，生均实习经费仅为 1/4，生均教学日常运行经费也只达到 67%，可以说明云南师范大学商学院的教学经费投入非常不足。据了解，其他 6 所独立学院的情况也不容乐观。

6.5.2 云南省独立学院在校生教育支出情况

2007 年 5 月 21 日，"中国校友会网大学评价课题组"发布《2007 年中国民办高校评价研究报告》，报告中公布了 2007 年中国独立学院学费排行榜，见表 6-19。数据显示，我国独立学院本科专业人均学费是：理科约为 12 217 元，文科约为 12 034 元。上海、浙江、北京和广东等经济较发达地区的独立学院本科专业人均学费较高，文理本科专业人均学费均在 15 000 元以上。相对来讲，湖北、云南、江西、陕西和甘肃等省市独立学院人均学费较低，文理本科专业人均学费在 10 000 元以下。不同地区独立学院人均学费相差较大，最高与最低相差 2 倍以上。

报告显示了我国独立学院本科专业人均学费情况，理科专业：复旦大学上海视觉艺术学院的人均学费最高，人均学费为 22 000 元，其次是浙江大学城市学院达到 18 000 元；成都理工大学工程技术学院的学费最低，平均为 7 000 元。文科专业：复旦大学上海视觉艺术学院人均学费最高，人均学费为 22 000 元，其次是中国传媒大学南广学院 16 500 元；成都理工大学工程技术学院的人均学费最低，为 7 000 元。

人均学费较高的独立学院大多位居上海、广州、杭州、北京、南京等经济较为发达的省会和大城市；相比来讲，位居中西部地区的南昌、西安、郑州和长沙等省会城市独立学院的人均学费较低；而另外一些非省会的中小城市独立学院的人均学费相对更为低廉，有的不到上海、杭州、北京的三分之一。调查还发现，独立学院学费还与"母体大学"的品牌有关，211 工程高校所属的独立学院学费普遍偏高，地方性大学所属的独立学院学费居中。

表 6-19　2007 年我国部分省市区独立学院本科人均学费情况

单位：元

名次	所在省市	理科专业	四年合计	文科专业	四年合计
1	上海	19 000	76 000	19 000	76 000
2	浙江	16 357	65 428	15 714	62 856
3	北京	15 500	62 000	14 667	58 668
4	广东	15 286	61 144	15 286	61 144
5	福建	13 833	55 332	14 333	57 332
6	天津	13 500	54 000	13 500	54 000
7	江苏	13 389	53 556	13 278	53 112
8	海南	12 500	50 000	12 500	50 000
	辽宁	12 500	50 000	12 500	50 000
	广西	12 500	50 000	12 000	48 000
11	四川	11 750	47 000	12 000	48 000
12	湖北	11 533	46 132	11 267	45 068
13	吉林	11 500	46 000	10 750	43 000
	河南	11 500	46 000	10 000	40 000
15	山西	11 400	45 600	11 400	45 600
16	黑龙江	11 000	44 000	11 000	44 000
17	湖南	10 733	42 932	10 550	42 200
18	重庆	10 125	40 500	9 938	39 752
19	河北	10 000	40 000	10 000	40 000
	宁夏	10 000	40 000	10 000	40 000
	山东	10 000	40 000	10 000	40 000
22	云南	9 500	38 000	9 500	38 000
23	江西	9 167	36 668	8 833	35 332
24	陕西	8 525	34 100	8 525	34 100
25	甘肃	8 000	32 000	8 000	32 000

表6-19(续)

名次	所在省市	理科专业	四年合计	文科专业	四年合计
全国人均学费	12 217	48 868	12 034	48 136

资料来源：中国校友会网大学评价课题组发布的《2007中国民办高校评价研究报告》。

2014年，云南省独立学院学费最高是云南大学丽江旅游文化学院的艺术类专业，为18 000元/年；其余各院校收费基本上一致，学生人数最多的文理类专业均为10 000元/年，见表6-20。各校住宿费的收费标准是一致的，4人间为1 200元/生，6人间为800元/生，8人间为600元/生。

表6-20 2014年云南省7所独立学院学费收取情况

单位：元/生

	商学院	滇池学院	文华学院	津桥学院	旅游文化学院	海源学院
艺术类	15 000	15 000	15 000	—	18 000	—
文理类	10 000	10 000	11 000	10 000	13 000	10 000
理工类	—	—	—	13 000	13 000	
体育类	10 000	—	—	—	—	
医护类	—	—	—	—	—	12 000

资料来源：各独立学院招生简章。

课题组按照每年在校10个月，大多数学校和专业所执行的10 000元/学年的学费标准和六人间800元/生/学年的住宿费标准进行研究。

"关于独立学院教育费用与家庭支付能力的调查"数据显示，独立学院在校学生每年的教育成本约为21 810元，包括学费、住宿费、伙食费、学习开支等支出项目。除学费和住宿费外，学生月平均开销在 500~1 000 元的学生人数最多，占总人数的 63.16%。其中大部分学生的伙食费在 300~800 元，占总人数的 76.84%。每月开支在 30~50 元用于学习的学生占总人数的 30.53%。通过计算得到三类开支的平均值和标准差：学生的每月平均总支出为 801.05 元，平均差距为 335.76 元；月平均伙食费为 485.26 元，占每月总支出的 60.58%，平均差距为 215.2 元；月学习费用为 79.32 元，占月总支出的 9.90%，平均差距为 45.65 元。

"关于独立学院学生投入—收益情况的调查"数据显示，独立学院在校学生每年总投入额约为 20 515 元，其中学费和住宿费约占到了 55%，45% 用于生活支出和学习支出。数据显示，除学费和住宿费外，学生月平均开销在 800~1 500 元的学生人数最多，占总人数的 64%。其中，每月开支在 100~150 元用于学习的学生占 34%；每月开支在 50~150 元用于上网的学生占 55% 的学生；有 74% 的学生每月用于专业学习的费用在 100 元以内。

从以上两项调查的数据分析可以看出，云南省独立学院在校生（非艺术类专业）每年支出的费用约为 20 000~22 000 元，艺术类专业学生支出的费用还要更高。

6.5.3 云南省独立学院教育成本分担情况

1. 云南省教育经费收入情况

虽然云南省作为经济欠发达省份，地处边疆少数民族地区，但近年来，云南省各级各类教育事业发展稳步提升，2012 年普通高等本科学校的教育经费总收入达到 874 618.6 万元，见表6-21。

表 6-21　　2012 年高等普通本科学校教育经费收入情况

单位：万元

	总计	公共财政预算教育经费	民办学校中举办者投入	社会捐赠	事业收入（含学杂费）	其他收入
全国	56 294 424	31 528 183	191 964.5	405 144	18 934 125.4	3 276 448
云南	874 618.6	508 377.1	3 420	6 845.5	300 090.5	54 097.7
	1.55%	1.61%	1.78%	1.69%	1.58%	1.65%

资料来源：中国教育经费统计年鉴，2012 年。

　　云南省财政不仅保证了全省教育经费支出在上一年度的基础上有所增加，而且划拨了各类专项资金，专款专用。2014 年1 月 20 日在云南省第十二届人民代表大会第二次会议上，云南省财政厅发布了《关于云南省 2013 年地方财政预算执行情况和2014 年地方财政预算草案的报告》。报告指出，2013 年全省教育支出达 686 亿元，比 2012 年增加 11.2 亿元，扣除 2012 年中央和省集中安排化解高校债务资金因素后，同口径增长 8%。其中，省财政全面落实公办高校生均经费拨款水平本科 1.2 万元/年、高职高专 0.6 万元/年的政策。省级安排民办教育专项资金0.2 亿元、特殊教育专项资金 0.5 亿元、中小学以及幼儿教师队伍建设资金 0.8 亿元，继续支持各类教育事业加快发展。

　　在省政府的关心和支持下，云南省高等教育办学规模逐步扩大，见表 6-22，独立学院发展态势良好，办学成效显著，2013 年在校生人数为 9 万余名，取得了一定的经济效益和社会效益。

表 6-22　　　　　　2012 年云南省高等学校情况　　　　单位：人

学校数	招生数			在校学生数			毕业生数			授予学位数
	小计	专科	本科	小计	专科	本科	小计	专科	本科	
66	142 753	55 090	87 663	512 178	187 456	324 722	118 944	60 241	58 703	56 967

资料来源：中国统计年鉴，2013 年。

2. 云南省独立学院经费来源

与公办院校的教育成本分担情况大不相同的是，独立学院办学经费的主要来源是学费收入，其他途径的收入非常少，在办学经费总额中所占比例非常小。表6-23中的数据显示，2012年全国民办高等本科学校教育经费收入总额为5 025 567.7万元，其中学杂费收入为4 154 490万元，所占比重达到86.20%。

表6-23　全国民办高等本科学校教育经费收入情况（2012年）

单位：万元

公共财政预算教育经费	各级政府征收用于教育的税费	举办单位个人投入	学杂费	校办产业和经营收益	捐赠收入	其他收入
319 030.9	29 867.8	191 964.5	4 154 490	6 074.6	11 819.8	134 807.3
6.35%	0.59%	3.82%	86.20%	0.12%	0.24%	2.68%
教育经费总收入			5 025 567.7			

资料来源：中国教育经费统计年鉴，2012年。

由于云南省教育厅和财政厅公布的相关数据中没有把独立学院的数据单列出来，课题小组仍以云南师范大学商学院为例进行分析。

根据"关于独立学院办学经费来源的调查"的数据来看，云南师范大学商学院2013年办学经费收入中，学生学费占总收入的84.0%，财政补助收入（含学生奖助学金等）占6.60%，社会捐赠仅为0.20%，服务性收入（含住宿费、培训费、考试费等）占7.60%，其他收入（含食堂、浴室、商铺的租金和管理费等）占1.60%。

从以上比例可以看出，独立学院在办学过程中，来自政府的支持很小，社会捐赠更是微乎其微，办学经费主要还是靠独立学院自身来筹集。这与《民办教育促进法》中规定的"按照民办机制筹措学院建设与发展所需要的各项经费，独自实施学院资产和财务管理，自主经营，自负盈亏"是相吻合的，也符合教育部第26号令关于独立学院按照民办机制办学的要求。

但是，独立学院在筹措经费时，渠道单一，结构不尽合理。目前依赖学费和住宿费收入作为主要的办学经费，既要维持正常的教学运转，又要为合格验收投入更多的固定资产，学杂费收入是远远不够的，这也是导致独立学院生均教学日常运行经费投入不足的主要原因。与公办高校相比，独立学院办学机制更灵活，可以创办校办企业或与其他高新技术公司合作，也可以利用假期出租校舍，举办培训班或进修班，盘活资产，创造效益。

3. 云南省独立学院教育成本分担的主体分析

由于课题小组未找到官方公布的云南省独立学校的相关数据，此部分的研究就以云南省民办学校的数据为依据展开，由此推断独立学院的相关情况。

（1）政府

相比公办高校，政府给予独立学院的教育财政补助水平是很低的。根据表3-4和表6-24中的数据可以看出，我国高等学校的财政预算内教育经费占总收入的比重虽然一再降低，在2011年仍然达到58.48%。而同一时期，我国民办普通高校公共财政预算内教育经费占教育经费总收入比重却仅为6.68%。除此之外，仅有部分地方政府对独立学院给予划拨土地优先权、追加招生计划指标、录取考试分数线的相对机动性等优惠政策。

表6-24　　民办普通高校公共财政预算内
教育经费及其所占教育经费总收入比重

年份	教育经费总收入（万元）	公共财政预算内教育经费	
		金额（万元）	比重（%）
2007	3 410 943.9	82 373.3	2.41

表6-24(续)

年份	教育经费总收入（万元）	公共财政预算内教育经费	
		金额（万元）	比重（%）
2008	4 360 425.2	165 405.0	3.79
2009	5 107 655.0	189 752.0	3.72
2010	5 701 336.0	267 412.1	4.69
2011	6 462 974.2	431 777.2	6.68

资料来源：中国教育经费统计年鉴，2008—2012年。

再来看云南省的情况。根据中国教育经费统计年鉴（2012年）的数据可知，2011年全国民办学校的公共财政预算内教育经费为1 334 261.9万元，云南省为33 111.8万元，只占全国总额的2.48%，见表6-25。经计算，云南省民办学校公共财政预算内教育经费占教育经费总收入的10.34%。云南省独立学院的财政拨款主要是专项拨款，指定用于学生的国家奖助学金、励志奖学金等。

表6-25　云南省民办学校公共财政预算内教育经费

单位：万元

地区	总计			民办学校
	合计	中央	地方	地方
全国	168 045 616.5	14 413 470.1	153 632 146.4	1 334 261.9
云南	5 237 731.1	2 202.0	5 235 529.1	33 111.8
	3.12%	0.02%	3.41%	2.48%

资料来源：中国教育经费统计年鉴，2012年。

（2）社会

由于目前我国对高校的捐赠事业尚处于起步阶段，规模很小，对社会力量捐资高等教育没有针对性的税收优惠政策，社会力量捐资助学基本上不享受税收优惠，因此企业和社会各阶层人士对高校的成本分担在高等教育成本中所占比例仍显得不足。表3-5中的数据显示，2011年我国普通高等教育社会捐赠经费为68 802 316万元，仅占总收入的0.63%。民办高校由于其举办时间不长、社会认可度不高等原因，其社会捐赠经费就更是微乎其微，2011年我国民办高校社会捐赠经费仅为16 548.8万元，占总收入的0.26%，见表6-26。

表6-26　民办普通高校社会捐赠以及占教育经费总收入的比重

年份	教育经费总收入	民办普通高校社会捐赠收入	
		金额（万元）	比重（%）
2007	3 410 943.9	12 432.9	0.36
2008	4 360 425.2	9 551.9	0.22
2009	5 107 655.0	16 967.4	0.33
2010	5 701 336.0	12 277.8	0.22
2011	6 462 974.2	16 548.8	0.26

资料来源：中国教育经费统计年鉴，2008—2012年。

再来看云南省的情况。根据中国教育经费统计年鉴（2012年）的数据可知，2011年全国民办学校的社会捐赠经费为123 365.2万元，云南省仅为781.7万元，只占全国总额的0.63%，见表6-27。经计算，云南省民办学校社会捐赠经费占教育经费总收入的0.24%。

表6-27　　　云南省民办学校社会捐赠经费　　　单位：万元

地区	总计			民办学校
	合计	中央	地方	地方
全国	1 118 675.1	266 792.8	851 882.3	123 365.2

表 6-27(续)

地区	总计			民办学校
	合计	中央	地方	地方
云南	23 784.0	0	23 784.0	781.7
	2.13%	0.00%	2.79%	0.63%

资料来源：中国教育经费统计年鉴，2012 年。

（3）学生及家长

从民办高校的运行来看，无论是前期靠母体高校发展起来，或是后期靠投资办学企业强势投入发展起来，其办学经费的主要来源是学生及其家长的学费收入。表 3-6 和表 6-28 中的数据显示，2011 年我国普通高等教育学杂费收入为 18 121 026 万元，占总收入的 26.34%；民办高校杂费收入为 5 224 399.1 万元，占总收入的 80.84%。

表 6-28　　　民办普通高校学杂费收入及其
所占教育经费总收入的比重

年份	教育经费总收入	民办普通高校学杂费收入	
		金额（万元）	比重（%）
2007	3 410 943.9	2 720 529.6	79.6
2008	4 360 425.2	3 624 519.5	83.12
2009	5 107 655.0	4 256 222.4	83.33
2010	5 701 336.0	4 815 498.8	84.46
2011	6 462 974.2	5 224 399.1	80.84

资料来源：中国教育经费统计年鉴，2008—2012 年。

再来看云南省的情况。根据中国教育经费统计年鉴（2012年）中的数据可知，2011 年全国民办学校的学杂费收入为 12 685 156.4万元。云南省民办教育发展相对较缓，学杂费收费标准偏低（见表6-20），因此民办学校学杂费收入仅为 208 667.2万元，只占全国总额的1.64%，见表6-29。经计算，云南省民办学校学杂费收入占教育经费总收入的65.15%。

表6-29　　　云南省民办学校学杂费收入　　　单位：万元

地区	总计			民办学校
	合计	中央	地方	地方
全国	33 169 741.9	2 937 487.1	30 232 254.8	12 685 156.4
云南	604 635.1	0	604 635.1	208 667.2
	1.82%	0.00%	2.00%	1.64%

资料来源：中国教育经费统计年鉴，2012年。

（4）高校

相比公办高校，民办高校的社会服务收入占教育成本的比重是比较小的。表3-3中的数据显示，我国普通高等学校利用自身条件有科研经费、校办产业和社会服务收入等经费来源，2011年为3 795 366万元，占教育经费总收入的5.52%。民办高校因其软硬件条件有限、社会认可度不高等原因，同一时期，我国民办普通高校校办产业经营收入仅为7 419.0万元，只占教育经费总收入的0.11%，见表6-30。

表6-30　　　　民办普通高校校办产业经营
收入及其所占教育经费总收入的比重

年份	教育经费总收入	校办产业经营收入	
		金额（万元）	比重（%）
2007	3 410 943.9	7 188.4	0.21
2008	4 360 425.2	14 030.0	0.32
2009	5 107 655.0	8 571.5	0.17

表6-30(续)

年份	教育经费总收入	校办产业经营收入	
		金额（万元）	比重（%）
2010	5 701 336.0	8 462.0	0.15
2011	6 462 974.2	7 419.0	0.11

资料来源：中国教育经费统计年鉴，2008—2012 年。

再来看云南省的情况。根据中国教育经费统计年鉴（2012年）中的数据可知，2011 年全国民办学校的其他收入为 487 927.5万元。云南省民办教育发展相对晚一些，规模也不是很大，因此民办学校其他收入仅为 7 798.6 万元，只占全国总额的 1.60%，见表6-31。经计算，云南省民办学校其他收入占教育经费总收入的 2.43%。

表 6-31　　　　云南省民办学校其他收入　　　单位：万元

地区	总计			民办学校
	合计	中央	地方	地方
全国	6 341 004.9	1 359 380.2	4 981 624.7	487 927.5
云南	120 532.9	0	120 532.9	7 798.6
	1.90%	0.00%	2.42%	1.60%

资料来源：中国教育经费统计年鉴，2012 年。

（5）举办者

民办高校教育经费收入中还有一部分来自举办者投入。2011 年，全国民办高校举办者投入 332 915.3 万元，占教育经费总收入的 5.15%，见表6-32。

表 6-32　　　　民办普通高校举办者投入及其
所占教育经费总收入的比重

年份	教育经费总收入	民办普通高校举办者投入	
		金额（万元）	比重（%）
2007	3 410 943. 9	318 788. 0	9. 35
2008	4 360 425. 2	301 686. 5	6. 92
2009	5 107 655. 0	330 962. 2	6. 48
2010	5 701 336. 0	269 646. 9	4. 73
2011	6 462 974. 2	332 915. 3	5. 15

资料来源：中国教育经费统计年鉴，2008—2012 年。

　　在云南省，根据中国教育经费统计年鉴（2012 年）数据可
知，2011 年全国民办学校举办者投入为 1 119 319. 8 万元。云南
省民办学校数量不是太多，规模不是很大，因此民办学校举办
者投入仅为 18 172. 1 万元，只占全国总额的 1.62%，见表 6-
33。经计算，云南省民办学校举办者投入占教育经费总收入
的 5. 67%。

表 6-33　　　　云南省民办学校举办者投入　　单位：万元

地区	总计			民办学校
	合计	中央	地方	地方
全国	1 119 319. 8	0	1 119 319. 8	1 119 319. 8
云南	18 172. 1	0	18 172. 1	18 172. 1
	1. 62%	0. 00%	1. 62%	1. 62%

资料来源：中国教育经费统计年鉴，2012 年。

6.6 独立学院教育成本分担中存在的主要问题及原因分析

6.6.1 独立学院成本分担存在的主要问题

自 1997 年开始，中国的高等教育开始全面实行教育成本分担制度，形成了高等教育经费投入由政府财政单一化转向社会各方多元化分担的新格局。公办高校由于历史悠久，已经形成了相对比较健全的成本分担机制，教育经费的来源主要包括政府的财政拨款、社会捐赠、校企合作收入、高校自身的科研收入和学生及家长的学费。然而，独立学院成立时间晚于公办高校，其学费标准也远远高于公办院校，再加上独立学院的社会认可度逊于公办高校，因而在教育成本分担方面存在教育成本分担主体单一、教育成本分担结构不合理和教育成本分担机制不健全等主要问题。

1. 独立学院教育成本分担主体单一

独立学院与公办高等教育一样，作为一种教育服务，其直接产出是人力资本，是一种准公共产品，介于私人物品和公共物品之间。因此，独立学院具备准公共产品的属性。其教育成本的分担，既不能如私人产品的价格那样完全由市场决定，也不能像纯公共产品那样由政府利用公共财政收入支付成本，向社会成员免费提供。应当按照"谁受益，谁负担"的原则，由享受收益的受教育者个人（或家庭）、社会、国家等各方共同分担。也就是说，国家和社会、受教育者个人及家庭、工商企业以及高校独立学院自身构成了独立学院教育成本分担的各个主体。

然而，在独立学院的实际运作中，由于独立学院的特殊性，其教育成本分担的主体是非常单一的。从前文关于云南省民办学校教育成本分担主体的分析来看，按其在教育经费总收入中所占比例从高到低依次排列为：学杂费、公共财政预算内教育经费、举办者投入、其他收入、社会捐赠。其中学杂费收入所占比例最高，达到65.15%，说明云南省民办学校主要依靠学杂费收入办学；社会捐赠经费最低，仅为0.24%，说明社会力量捐赠办学的风气还未形成，社会捐赠经费在办学过程中发挥的作用非常小。从个案来看，在"关于独立学院办学经费来源的调查"中，调查对象——云南师范大学商学院的办学经费来源数据也显示出相同的情况。该校2013年办学经费收入中学费总收入占84.0%，财政补助收入占6.60%，捐赠收入占0.20%，服务性收入占7.60%，其他收入占1.60%。

从总体来看，在独立学院初创期，除投资方投入一部分资金以外，几乎所有的教育经费都来源于学生及家长缴纳的学杂费，国家财政投入很少，企业对独立学院的捐赠或者通过校企合作的方式来承担教育成本的比例是微乎其微的。由此可见，独立学院教育成本的分担主体单一，主要是学生及家长。

2. 独立学院教育成本分担结构不合理

独立学院和公办高等教育都属于公益性事业，个人通过接受高等教育，可以在为个人增加收益的同时，也使国家和社会得到了收益。根据"谁受益，谁负担"的原则，政府和社会也应分担独立学院一定比例的教育成本，这样才有利于独立学院的健康持续发展。

然而，实际的情况却不尽如此，政府与社会仅仅承担了独立学院办学经费中不到10%的一小部分，超过2/3的部分依赖于学生的学杂费。也就是说，独立学院教育成本分担结构极不合理。

（1）政府对独立学院的资金支持极低

虽然按照《民办教育促进法》的规定，独立学院应当积极筹措办学经费，但《民办教育促进法》及《民办教育促进法实施条例》对民办教育的政府财政支持同样也作了较为明确的规定。《民办教育促进法》第四十四条、四十五条分别规定："县级以上各级人民政府可以设立专项资金，用于资助民办学校的发展"，"县级以上各级人民政府可以采取经费资助等措施对民办学校予以支持"。《民办教育促进法实施条例》第四十一条也明确规定："县级以上人民政府可以根据本行政区域的具体情况，设立民办教育发展专项资金。"以上条文肯定了民办高等教育"公益性事业"的公共部门性质，为政府分担民办高等教育成本作出了法律规定。另外，根据高等教育成本分担的收益原则，凡是从高等教育中获得收益的主体都应该承担相应的成本。在市场经济的条件下，个人接收了高等教育以后，不但提高了个人的素质，同时推动了整个社会经济的发展，因此政府是高等教育的最大受益者之一，应该承担高等教育的成本。

由于独立学院并未划入我国公办教育体系的范畴，政府对其的资金支持非常少。表 6-24 和表 6-25 数据表明，2011 年，我国民办普通高校公共财政预算内教育经费仅占教育经费总收入的 6.68%，云南省稍高一些，达到了 10.34%。但是云南省独立学院的财政拨款主要是专项拨款，指定用于学生的国家奖助学金、励志奖学金等，并不能用于日常教学运行。

另外，课题小组已注意到，普通高等教育生均公共财政预算公用经费开始出现负增长的态势。教育部、国家统计局、财政部 2014 年 11 月发布了 2013 年全国教育经费执行情况的公告，全国普通高校生均公共财政预算公用经费增长率为-12.62%，云南省为-60.33%，见表 6-34。照此发展，今后政府对高等教育的支持力度将会大幅减小，对独立学院的资金支持将会更低。

表 6-34　普通高等教育生均公共财政预算公用经费增长情况

单位：元

	2012 年	2013 年	增长率（%）
全国	9 040. 02	7 899. 07	-12. 62
云南省	17 410. 44	6 907. 51	-60. 33

资料来源：2013 年全国教育经费执行情况公告。

（2）社会分担部分比例太小

根据高等教育成本分担的收益原则，除了政府和个人以外，企业也是高等教育最大受益者之一，通过接受高等教育，员工整体素质得以提高，就会达到提高劳动效率的目的，同时有利于提升企业的文化和品牌，提高企业的社会知名度，从而增强企业的盈利能力。企业一般通过社会捐赠或者捐助个别学生的方式来分担高等教育成本，这在公办院校是比较常见的企业分担高等教育成本的方式。然而独立学院由于其举办时间不长、社会认可度不高等原因，要想获得企业的捐赠，一般情况下比较困难。表 6-26 和表 6-27 数据表明，2011 年我国民办高校社会捐赠经费仅占收入的 0.26%，云南省也只有 0.24%，可谓"杯水车薪"。所以，虽然独立学院和公办院校的高等教育一样都是准公共物品，都给社会带来了一定的收益，但是，在高等教育成本分担方面，社会分担的比例非常少，这也成了限制独立学院进一步发展的主要原因之一。

（3）学生及家庭成本分担比例较高，负担过重

在前文的分析中，数据表明学杂费收入在公办高校教育经费收入中的比例不到 30%，在民办高校则高达 80% 以上。根据《民办教育促进法》的相关规定，独立学院"按照民办机制筹措学院建设与发展所需要的各项经费"。根据市场经济规律，其办学经费的筹集应该是多渠道、多元化的，例如产业渠道、贷款

渠道、科研渠道、社会捐赠、信贷资金等，而不应该主要依靠学杂费收入这个单一渠道。

因此，课题小组认为，在现行的独立学院教育成本分担机制中，学生及家庭成本分担比例较高，负担过重。如果这一情况得不到解决，将会引发一系列的矛盾和问题。

首先，学生及家庭成本分担比例较高，将直接导致学费绝对水平过高。学杂费收入在教育经费总收入中的比例过高，将会导致独立学院要么盲目扩招，要么不断提高学费标准，以此增加办学经费。目前独立学院的学费标准已经是公办高校的2~3倍了，如果继续增加，不仅会影响独立学院的招生规模，还将引起高等教育机会不平等。

其次，办学经费主要依赖学杂费的情况，导致独立学院日常教学运行经费投入不足，学生满意度不高。课题小组在"关于独立学院学生投入—收益情况的调查"中，从学习、生活、费用支出和自我发展四个方面对学生的收益情况作了调查。数据反映，2011级有59%的学生认为"成本大于收益"，其中有21%的学生对学校藏书量表示不满意，25%的学生对学校电子图书馆表示不满意，15%的学生认为课余生活不充实和很空虚。虽然导致学生不满意的因素有很多，但独立学院的软硬件条件不佳、教学运行经费投入不足应该是主要原因。这一点从独立学院生均实验经费、实习经费、教学日常运行经费上都可以反映出问题。

最后，学生及家庭负担过重，违背了成本分担中"能力结构原则"。根据"关于独立学院教育费用与家庭支付能力的调查"数据，学生解决学费问题的三大途径为父母的支持（91.58%）、申请国家助学贷款（63.16%）以及勤工俭学（48.42%），见图6-6。那么，家庭收入的高低就直接影响着学生的学业是否能够顺利完成。

按照云南省独立学院在校生（非艺术类专业）每年支出的费用约为 20 000~22 000 元来计算，一个家庭负担一名子女读完四年制独立学院，约需支付学杂费及生活费 8 万~9 万元。根据国家统计局云南调查总队的调查数据，2012 年，云南省城镇居民年平均可支配收入为 21 074.50 元，见表 6-35，勉强可以支付独立学院学生的费用。

表 6-35　　云南省城镇居民年平均家庭收入来源　　单位：元

项目 年份	可支配 收入	总收入	工资性 收入	经营净 收入	财产性 收入	转移性 收入
2008	13 250.22	14 118.03	8 596.88	1 165.96	849.45	3 505.74
2009	14 423.93	15 680.27	9 641.68	1 092.29	1 043.93	3 902.38
2010	16 064.54	17 478.91	10 845.21	1 122.89	1 162.12	4 348.70
2011	18 575.62	20 255.13	12 416.17	1 785.61	1 273.99	4 779.36
2012	21 074.50	23 000.43	14 408.29	2 425.03	999.98	5 167.14

数据来源：国家统计局云南调查总队，调查数据。

根据调查，独立学院在校生中城镇生源大约只占到一半，其余一半学生来自农村。例如文理学院 2010 级学生中农村生源占到 51.3%，津桥学院 2010 级学生中农村生源占 47%。根据国家统计局云南调查总队的调查数据，2012 年，全国范围内农村居民家庭人均纯收入为 7 916.58 元，云南省则更低，只有 5 416.54 元，见表 6-36。这部分家庭要想负担子女就读独立学院，还得寻求更多的收入。

表 6-36　　　　云南省农村居民家庭人均纯收入　　单位：元

年份 地区	1990	1995	2000	2005	2010	2011	2012
全国	686.31	1 577.74	2 253.42	3 254.93	5 919.01	6 977.29	7 916.58

表6-36(续)

年份 地区	1990	1995	2000	2005	2010	2011	2012
云南	540.86	1 010.97	1 478.60	2 041.79	3 952.03	4 721.99	5 416.54

数据来源：国家统计局云南调查总队，调查数据。

课题小组在"关于独立学院教育费用与家庭支付能力的调查"中发现，只有12.63%的家庭可以承担8 000元以上的学费，52.63%的家庭只能承受3 000～5 000元的学费，见表6-6。此时，如果贷款和资助政策不到位的话，就出现学生因贫困退学或放弃入学的现象，进而引起高等教育机会不公平。

综上所述，我国目前的教育成本分担中学生及家庭成本分担比例较高，负担过重。

（4）独立学院自身分担比例小

根据前文的理论分析可以发现，独立学院自身也应该成为高等教育成本的分担者之一。一般情况下，高校可以利用自身的优势，即利用教学力量、科研成果等资源开展对外服务，增加非学费收入；通过加强与企业的合作，从而使高校的科研成果转化为可用于交易的产品，获得的收入可以用于分担一部分教育成本。

相比公办高校，民办高校的社会服务收入的比重是比较小的，云南省民办学校其他收入仅占教育经费总收入的2.43%。主要原因有两个方面，一是由于独立学院办学时间不长，软硬件条件有限，社会认可度不高，兴办校办企业困难，与高新企业合作产业化机会少；二是由于独立学院教师流动性大，业务能力不是很强，学校本身对科研的资金支持比较少，从而造成了独立学院自身科研水平比较低。因此，独立学院办学经费中由学校自身分担的比例非常小。

3. 独立学院教育成本分担机制不健全

云南省七所独立学院都是在 2000 年以后才成立的,见表 6-37,成立时间最长的也只有 14 年,目前还处于发展的初期,自身基本没有创收能力,在科研以及校企合作收入方面几乎为零,因此在很多方面和公办院校相比有很多不足的地方,尤其在教育成本分担方面成本分担机制不健全,主要体现在收费标准单一化和教育资源使用效率低两个方面。

表 6-37　　　云南七所独立学院成立时间表

学院	商学院	文理学院	滇池学院	津桥学院	海源学院	旅游文化学院	文华学院
成立时间(年)	2000	2000	2001	2001	2001	2002	2002

资料来源:各所独立学院官网。

（1）收费标准单一化,没有反映出差别性原则

为了体现接受教育的公平性原则,不同地区、不同院校、不同专业的培养成本、未来所获得收益差异都应该在收费标准上得到体现。表 6-20 中的数据显示,在学费收取方面,从地区来看,只有云南大学丽江旅游文化学院在地州,其他六所都在昆明,云南大学丽江旅游文化学院收费要高于其他学院,体现了一定的地区差异性;从专业来看,艺术类收费比较高,其次是医学类,一定程度上体现了各专业培养成本的差异性。通过调查,云南省 7 所独立学院在收取住宿费方面基本都是一致的,4 人间为 1 200 元/人·年,6 人间为 800 元/人·年。从学费和住宿费的收取情况来看,可以发现目前云南省七所独立学院虽然在一定程度上体现出了教育成本的差异,但是收费标准单一化,在收费方面并没有完全体现出不同院校、不同专业的教育成本的差异性。

（2）教育资源使用效率低

教育资源使用效率是指为了实现一定的教育目标所花费的

教育成本和所取得的教育成果之间的比率。进行教育资源使用效率分析需要从人力资源使用效率、财力资源使用效率、物力资源使用效率和人才培养质量指标四个方面进行。独立学院教育资源使用效率分析指标主要有生师比、教师人均科研经费、生均经费、实验室平均利用率、图书周转率、生均图书数量等。

云南独立学院教育资源使用效率低，主要体现在以下几个方面：①师资结构不合理。独立学院专职教师主要是硕士研究生，具有年轻化和比例小的特点，因此，独立学院目前的教学主要依靠外聘教师，不利于学校提高教学质量。②科研资源有限。相较专职教师的科研能力，大多数独立学院更加关注他们的教学工作，因此造成了教师教学任务过重，没有时间进行科研工作。同时，大部分独立学院缺乏学科带头人，最终影响了学院的科研水平的提高。③图书馆资源使用效率低。独立学院图书馆现有文献资料有限，不能很好地满足学生的需要。有些图书资源相对比较早，已经不能满足现实问题分析的需要。④实验室资源使用效率低。实验室是进行教学、科研的重要场所，是衡量高校教学及科研能力的重要因素之一。由于经费紧张，独立学院对实验设施设备的投入一般都不能完全满足教学需求，更新和升级不及时。而且，除了排课时间外，能够开放给学生用于探究性实验、综合性实验、自主性实验的时段非常少，甚至有的独立学院根本不在课余时间向学生开放实验室，因此造成了实验室资源使用效率低。

（3）配套的学生资助体系不完善

高等教育成本分担的有效实施需要完善的学生资助体系作为支撑，世界各发达国家在实施高等教育成本分担时，除了向学生收取学费，同时建立了比较完善的学生资助体系以保证所有学生接受高等教育的公平性。虽然我国高等教育在学生资助体系完善程度方面远远落后于发达国家，但是公办高等教育已初步建立了以"奖、贷、助、补、减、免"为主要方式的助学体系，社会各界也以通过多种方式资助贫困生。

由于独立学院的特殊性，目前独立学院的助学工作及其体系存在很多问题与不足。

第一，奖助学受益学生数量有限。①虽然设有奖助学金，但"奖优"和"助贫"界限不清，未能切实起到奖优、助贫、促学的作用。②各种补助金额不高，比例较小，受益面非常小。以奖助学金为例，最高金额为8 000元，比例约为在校学生的2.5%左右。③各种奖助学金主要是针对学习优秀的学生，成绩一般的贫困生没有机会参与评选。

第二，助学贷款困难。国家助学贷款已成为贫困生解决学杂费的主要途径。虽然针对不断上涨的物价水平，为进一步完善高校家庭经济困难学生资助政策体系，从2014年8月起，国家助学贷款最高限额由原来的全日制本专科生每人每年6 000元调高至每人每年8 000元，在一定程度了缓解了贫困生的经济贫困程度。但由于国家助学贷款具有收益低、回收难度大等特点，很多银行发放助学贷款的积极性不高，再加上申请贷款的手续复杂，贫困生中往往只有12%~30%的能够顺利申请到助学贷款。

第三，勤工助学机会不多。独立学院虽然也像公办院校一样，设立了勤工助学岗位，为贫困生分担一部分教育成本。但是独立学院是母体高校、政府和投资方共同创立的学校，根据西方经济学的理性经济人的假设条件，投资方在办学过程中也是理性经济人，因此，独立学院的勤工助学一般具有岗位少、工作量大、稳定性差等特点，只能提供极有限的固定或临时性岗位以满足部分学生的需要，收入只能抵补一部分生活费，学费问题没有办法得到解决。

综上所述可知，在独立学院学生资助体系不健全的条件下，学生个人及家庭分担的高等教育成本比例过高，最终会造成因家庭经济贫困而不能接受高等教育的人数增加，从而没有办法实现高等教育的公平性目标。

6.6.2　独立学院教育成本分担存在问题的原因分析

1. 对独立学院的准公共物品的外部性认识不足

20世纪50年代美国著名经济学家保罗·萨缪尔森提出了著名的公共物品理论，根据产品在竞争性和排他性上的表现形式的不同，将社会产品划分为私人物品、准公共物品和公共物品。其中，私人物品是具有竞争性和排他性的产品，公共物品是具有非竞争性和非排他性的产品。高等教育由于具有不完全竞争性和不完全排他性，是一种介于公共物品和私人物品之间的准公共物品，个人在接受高等教育的同时，推动了整个社会经济的发展，因此，高等教育具有明显的正的外部效应。由于中国受传统教育理念的影响，社会上普遍承认公办院校给社会带来的贡献，国家建立了以财政拨款为主、其他渠道筹措高等教育经费为辅的体制；社会上普遍认为独立学院只是公办高等教育的补充，同时也很少注意到独立学院的培养人才的重要性，因此，国家重点支持公办高等教育，社会各界也是只关注公办高等教育发展状况，从而造成了独立学院教育成本分担主体单一以及结构不合理等一系列的问题，严重阻碍了独立学院的健康发展。

2. 独立学院教育投资体制不完善

高等教育投资体制是指在发展高等教育事业中，政府、社会、个人及家庭与高等教育机构之间所形成的教育成本分担的相关制度规范。教育投资体制关系到高等教育的发展能否获得充足的经费保障，能否发挥有限资源的最大效应，并最终实现高等教育的公平，主要包括了投资主体构成及投资运行机制两大部分。高等教育的办学经费主要来源于财政性拨款、社会捐赠、高校的自创收入和学生及家庭缴纳的学杂费。公办院校的办学经费主要依靠财政性拨款和学生缴纳的学杂费，而独立学院由于其特殊性，办学经费主要是来自学生缴纳的学杂费。独立学院的教育投资体制长期存在着财政投入不足、学费水平过高、缺乏健全的学生资助体系、社会捐赠极少等一系列问题。独立学院教育投资体制的不完善，严重制约了独立学院的健康发展。

云南省七所独立学院教育投资体制不完善主要体现在：第一，国家和地方政府对独立学院的财政投入少，财政拨款机制落后。第二，独立学院的学费水平高，从课题小组的调查中发现，云南省七所独立学院的学费都在每年 10 000 元/生以上，而2013 年云南省城镇居民人均纯收入为 23 235.5 元，农村居民家庭人均纯收入为 6 141.3 元，因此，独立学院学费水平超出了多数居民的经济支付能力。第三，独立学院由于发展的历史比较短，尚未形成健全的学生资助体系，同时内部资源配置不合理以及资源利用效率低，限制了独立学院的健康持续发展。

3. 独立学院社会捐资力量薄弱

根据布鲁斯·约翰斯通教授的高等教育成本分担理论，接受过高等教育的公民会使整个社会受益，因此社会也应分担高等教育成本，而社会分担高等教育成本通常通过企业或个人向高校捐赠教育基金或捐现款的办法来实施。

在美国高校中，个人与企业组织的私人赠予及社会捐赠是高校教育经费收入的主要来源之一，美国第一所大学哈佛学院的建校资金就来自社会捐赠。与我国一衣带水的日本自 1962 年开始实行指定捐助费制度，以便于企业、团体和个人对私立高校捐助。

在我国，虽然尊师重教的传统由来已久，但由于经济发展水平低于发达国家，国民收入不高，因此社会捐赠在高等教育经费中的比重一直处于比较低的水平。即使有企业或个人的捐赠行为，也大多针对为数不多的那几所知名学府，其他普通高校所能获得的捐赠经费在教育经费收入中的比重都是非常小的。在这样的大环境下，独立学院作为一种新兴的办学模式，还处于探索和发展的初期，社会认可度还有待进一步提升，社会捐赠经费收入更是"微乎其微"。这也造成了独立学院高等教育成本分担结构不合理以及分担主体单一等一系列问题。

4. 独立学院成本核算机制缺乏有效性

高等教育是一种典型的准公共物品，既有公共物品的非排他性和非竞争性，又有私人物品的排他性和竞争性。公办高等院校的办学经费主要来源于政府拨款、社会的捐赠、学生缴纳的学费以及科研经费等，在进行教育成本会计核算时，必须考虑政府、企业和学生及家长的三方利益。由于高校是非营利组织，因此高校具有企业性和事业性双重性质。目前，在进行教育成本核算时，主要遵循两个原则，即权责发生制原则和收付实现制原则。权责发生制原则规定，凡是当期实现的收入和已经发生的费用，无论款项是否收付，都应当作为当期的收入和费用处理，凡是不属于当期的收入和费用，即使款项已经在当期收付，都不应当作为当期的收入和费用处理；而收付实现制原则是以收到或支付的现金作为确认收入和费用等的依据。根据会计准则，高校在进行会计核算时，除了经营性收支业务采用权责发生制，其他的业务都应当采用收付实现制。由于高校具有的双重性质，目前我国的公办高等院校基本没有形成完善的教育成本核算体系。

独立学院作为公办高等教育的补充，主要是由社会力量与政府机构或公办高校所举办，其成本核算机制还存在一定的问题。首先在管理费用方面存在费用不明、管理人员成本管理意思淡薄等问题。其次，由于各个独立学院对费用划分的标准不一致，加大了对独立学院教育成本进行核算的难度以及相关部门的监管难度。再次，独立学院在进行固定资产折旧费用归集时，并没有把它列入财务支出项目；同时，独立学院在办学过程借着母体院校的品牌进行招生，每年都需要缴纳高额的管理费用。最后，独立学院还存在着的财务制度与成本核算要求相违背、成本核算会计科目设置不合理等问题。

5. 市场机制在独立学院成本分担中的调控能力弱

根据市场机制的"谁受益，谁付款"的原则，高等教育的成本应由社会与个人共同承担。独立学院在办学过程中既要遵循教育自身的发展规律，又要遵循市场经济规律，引进市场机制，树立与市场经济相适应的教育质量观，提高独立学院的科研能力和教育教学质量。国外私立学校在其自身的生存和发展过程中，纷纷引进了市场竞争机制，提高了学校面向社会、面向市场自主办学的积极性，利用自身所拥有的资源不断加强自身的创收能力。而我国的独立学院由于发展的历史较短，自身实力有限，缺乏市场机制，造成了依靠学院自身所拥有的产业盈利能力不足。

独立学院市场机制的缺乏，主要体现在以下两个方面：

第一，独立学院收费标准的单一化，导致价格机制对供需矛盾调节的乏力，直接影响了成本分担的合理性。

从专业类别来看，不仅存在着自然科学和社会科学所消耗的教育资源不同的差别，同时还存在着热门专业与基础性的冷门专业，在就业机会、就业区域、就业岗位以及工资待遇上所形成的巨大差距。所以不同专业的学生所承担的教育成本虽然基本相同，而实际收益却相差较大。云南省 7 所独立学院的学费标准差异性不大，说明独立学院成本分担存在不合理性。独立学院市场机制缺乏和不完善是影响独立学院进行科研开发以及提高独立学院的教育教学水平的主要因素之一。

第二，云南省 7 所独立学院专业结构不合理。2014 年 10 月教育部高等教育司公布了 2012 年和 2013 年两年来就业率较低的本科专业名单。这些专业分别是食品卫生和营养学、生物科学、旅游管理、社会体育指导与管理、市场营销、动画、知识产权、广播电视编导、表演、艺术设计学、播音与主持艺术、音乐表演、贸易经济、公共事业管理 14 个专业。云南省各个独立学院所开设专业或多或少都有涉及，见表 6-38。

表 6-38 云南省各独立学院就业率较低专业数情况表

单位：个

	商学院	文理学院	滇池学院	津桥学院	海源学院	旅游文化学院	文华学院
就业率较低专业的数量	7	5	8	2	1	5	6

资料来源：由各所独立学院官网资料整理而来。

从表 6-38 中可以看出，目前云南省各独立学院在设置专业时有一定的盲目性，或是受限于母体高校已有专业，或是跟风热门专业，并没有严格按照市场机制的原理进行。因此，各独立学院的专业设置没有充分考虑国家和地方经济社会发展需求，结合云南省"桥头堡"战略和"一带一路"经济建设发展规划不紧密，专业结构不够合理。

综上所述，目前由于社会各界对独立学院的准公共物品的认识不足、教育投资体制不完善、社会捐资力量薄弱、成本核算缺乏有效性以及市场机制在教育成本分担中的调控力量薄弱等原因，造成了独立学院教育成本分担主体单一、成本分担结构不合理以及教育成本分担机制不健全等一系列问题。因此，云南省各所独立学院在日常的管理过程中，必须依据市场机制的原理，不断提高自身的科研能力，通过加强校企合作项目提高自身的创收能力，并不断完善学生资助体系，才能在竞争中处于不败之地，才能健康持续地发展。

7. 缓解独立学院教育成本分担过重的对策和建议

7.1 争取政府经费投入，完善成本分担结构

政府的公共财政经费来自全体公民的纳税，从法理上说，所有纳税人及其子女，不管就读公办高校还是民办高校，都有平等享受公共教育经费的权利。但从实际情况来看，政府对公办高校的财政投入却是远远高于民办高校的。政府应该根据独立学院的办学特点并借鉴国外政府分担私立高等教育成本的有益经验，资助独立学院，逐步完善独立学院的成本分担结构。

7.1.1 设立独立学院教育发展专项基金

独立学院是 10 多年来中国高等教育办学体制改革创新的重要成果，为发展民办高等教育事业、促进高等教育大众化做出了积极贡献。目前，独立学院发展仍处于初级阶段，政府可从地方政府性基金中拨付部分款项，设立独立学院教育发展基金（以下简称：教育基金），以便更好地支持和促进高等教育的现代化发展。教育基金可主要投向独立学院发展中迫切需要的现代化教学资源上，如多媒体教室的扩建、科研用仪器设备的投

入、校企合作实训基地建设、购买图书资料以及师资培养等。

　　教育基金创立后，政府需建立一支专门的机构严格监控该基金的运行，组织专家或团队对申请的独立学院进行考查和评估，并且定期对教育基金的运营、使用和拨付项目进行立项审批和分批拨付研究款项，而对于支持投资教育基金的企事业单位、社会团体，政府可促使独立学院与其签订人才输送协定，并对其投资费用依法进行税前列支。

　　在教育基金的预算管理上，一定要杜绝类似于政府性基金预算管理中存在的编制粗糙的问题，将教育基金的收入、支出预算细化到"款""项""目"级别上，坚持专款专用。在监督管理上，独立学院教育基金的投资者均有监督、质疑、询问并要求答复的权利，教育基金的管理运作部门也要定期向社会公布各基金的使用情况，接受询问并给出答复。对教育基金运营不善造成的损失以及基金支出中存在浪费、非法挪用等问题，依法追究主要领导人的责任。

　　2008 年，《湖南省人民政府关于促进民办教育发展的决定》（湘政发〔2008〕1 号）就曾明确提出，切实加大对民办教育的公共财政和金融支持力度。各级政府要设立民办教育发展专项资金，引导民办学校健康发展。从 2008 年起，湖南省财政在教育事业经费之外，每年安排民办教育发展专项资金 500 万元。民办教育发展专项资金应随同级财政收入的增长而逐年增加。民办教育发展专项资金由财政部门负责管理，教育部门报同级财政部门批准后使用。鼓励社会向民办学校捐资，或者设立专项奖励与发展资金支持民办教育发展。

7.1.2　积极探索分类财政资助政策

　　根据国务院部署加快发展现代职业教育，引导一批普通本科高校向应用技术型高校转型的精神，应建立对独立学院的激励性支持体系，积极探索分类财政资助政策。资助的形式可分为专业建设经费资助、科研经费资助和学生资助等。

在专业建设经费资助方面，政府可以根据独立学院的办学效率和绩效给予它们一定比例的款项支持，地方政府按当地发展的需求对独立学院给予更直接的资助。吉利控股集团董事长李书福在2014年3月全国政协第十二次会议上提议：建立民办大学政府奖励机制，设立民办高等教育奖励基金，用于奖励办学优秀的民办高校，特别是对办学质量高、内涵建设好的民办高校给予奖励、生均补贴、教师编制、科研补贴等财政扶持。山东省政府2014年财政投入1.2亿元支持民办高校专业建设，省教育厅、财政厅出台《关于民办本科高校优势特色专业支持计划的实施意见》，支持民办本科高校优势特色专业发展，加大对社会力量办学支持力度。自2014年起，用三年时间，每年遴选20个社会声誉好、示范带动作用强的优势特色专业或具有良好成长性且适应社会需要的专业，省财政给予每个专业200万元支持经费，在人才培养模式、课程体系、教育教学方法创新和实验实训条件、"双师"型教师队伍建设等方面，进行应用型人才培养改革和探索。浙江省宁波市自2011年起，新增民办高校重点学科专业建设、生均教育经费补助等专项补助资金2 895万元，其中对宁波诺丁汉大学新开设的工科类专业按每生每年1.8万元标准进行生均经费补助，还落实了2亿元经费专项补助宁波诺丁汉二期建设。①

在科研经费资助方面，上级主管部门可以根据独立学院的研究特色对科研申报有倾斜性地给予独立学院本科质量工程，省级、部级课题立项，加大对独立学院科研的支持，改变民办高校科研工作"边缘化"的窘境。独立学院应立足地方经济建

---

① 资料来源：云南省民办教育网。

设，明确科研定位，以教育教学为重点开展实证性与学理性相结合的研究，有针对性地选择重点和突破方向，一切从实际出发，突出科研的实践性和应用性，加强校本研究进行课题申报。

在学生资助方面，可包括各类奖学金、助学金、助学贷款等，这在后文中将会详细提及。

7.1.3 适度加大对经济欠发达地区的投入

由于我国目前仍处于社会主义初级阶段，在很大程度上存在着城乡差异、地区差异和个体经济状况差异等情况，因此个人分担高等教育成本必然会对经济落后地区、生活贫困的个人及其家庭产生不可忽视的影响。政府应当适度加大对经济落后地区和贫困地区高等教育投资比重，确保教育公平。政府还应充分发挥宏观调控作用，根据不同地区、不同状况制定有效的政策措施，采取相应的财政拨款方案，建立科学的补偿机制，给予处于弱势群体有力扶持，保障我国高等教育公平发展，促进高等教育成本分担机制不断完善。

7.2 根据客观经济状况，制定合理的学费标准

学费收取是独立学院正常运作、持续健康发展的资金保障。因此，学费问题是独立学院发展的重要问题，这个问题解决得好，就有利于独立学院的发展。

7.2.1 独立学院学费标准的确定

《关于规范并加强普通高校以民办机制和模式试办独立学院管理若干意见》（教发〔2003〕8 号）规定，独立学院的学费收取标准参照独立设置民办高校执行。《民办教育促进法》第三十

七条规定：民办学校对接受学历教育的受教育者收取费用的项目和标准由学校制定，报有关部门批准并公示。

独立学院在拟定学费标准时，主要依据的是办学成本的核算。办学成本包括直接成本和间接成本。直接成本是指高校直接用于培养学生的培养费用，主要包括教学支出、科研支出、业务辅助支出、学生事务支出等。具体来说，就是从事教学、科研的教师和科研人员以及在业务辅助部门工作的员工的基本工资、补助工资、其他工资、职工福利费、社会保障费、学生奖贷学金和活动费以及为教学、科研和业务辅助而发生的修缮费、业务费、固定资产折旧费。间接成本是指为了组织和协调学校正常的教学活动而开支的各项费用，主要包括行政管理支出、后勤支出和其他支出。具体来说，就是行政管理人员和后勤人员的工资及福利费、公务费、修缮费、行政管理和后勤部门使用的固定资产折旧费和其他属于间接用于教学和科研的费用。

7.2.2 遵循市场规律，差别收费

目前，云南省各独立学院的收费标准是按专业的不同来设定的，考虑了不同专业学生的培养成本，见表6-20。但是，仅仅只考虑这个因素还不够，针对不同生源地的学生也应考虑实施差别收费。

我国东、中、西部地区的经济发展水平差距较大，云南省内不同州市的经济发展水平也相差巨大。这样的贫富差距使不同的收入阶层对相同的学费承担着不一样的经济压力。根据生源地的不同确定不同的收费标准，体现贫困地区与发达地区的不同，由此保证受教育的公平性，这种方法在实践中有一定的可操作性。在本书第四章中曾介绍过其他国家实行的补偿机制，可供借鉴。例如：美国依据家庭收入水平确定不同的学费标准，

英国则进一步将大学学费划分为依赖家长和独立生活两类，最终分为免交学费、只交部分学费和全部学费几种标准，见表4 -10。

当然，由于所涉及的范围较大，因素较多，我国实行差异性学费标准还需探索。目前，独立学院可通过完善助学金制度和勤工俭学制度来帮助家庭经济条件较差的学生，促进社会公平。另外，也可以考虑改变现行的每学年一次性缴清的收费方式，针对不同家庭条件的学生采取不同的收费方式，例如定额分期缴费、差额分期缴费等。

7.2.3 独立学院学费的调整

从 2000 年至 2012 年，全国高校的学费基本维持不变，但十几年间，社会物价水平和学校办学成本大幅上涨，各高校普遍感到较大的经费压力，特别是公共财政投入不足的省属高校压力更大。云南省的独立学院也是 10 余年未调整过学费，云南师范大学商学院创办 10 余年，起初每年学费是 9 000 元，现在是每年 1 万元。在没有任何政府拨款且办学成本不断加大的背景下，该校负责人坦言"很吃力"。

在国内高校学费掀起"涨声一片"时，深圳市政协于 2013 年年底召开了"共商民办教育发展"座谈会，参会的政协委员们提出民办学校学费定价标准应从政府审批转为向政府备案。他们建议民办学校收费标准应交由市场决定。如果一家学校收费高、教学质量差，自然没有家长愿意选择这样的学校，学校自然也会被市场淘汰。如果一家学校收费高，但是办学方法有特色、教学质量高，也会有家长愿意把孩子放在这样的学校。应该给家长多层次选择的空间，让市场去配置资源。①

---

① 屈宏伟. 民办学校收费定价或可浮动 [N]. 深圳商报，2014-01-02.

湖北省人民政府于 2013 年 12 月 17 日出台了《省人民政府关于进一步促进民办普通高等教育发展的若干意见》（鄂政发〔2013〕61 号）。文件指出，从 2014 年开始，湖北民办普通高校可结合办学成本等因素自主确定学费标准；可根据国家有关规定和核定的办学规模自主确定年度分专业招生计划和跨省招生计划。

2014 年云南省也启动了相关的调研，2015 年新春伊始，便下发了《云南省发展与改革委员会 云南省教育厅关于我省民办本科学费收费标准管理有关问题的通知》（云发改物价〔2015〕39 号），旨在建立科学、合理的民办高校本科学费收费标准管理机制。随即，从 3 月中旬开展了针对云南省 9 所民办本科院校的办学水平评估工作。此次评估包括办学水平综合评估和学科专业评估两大模块。办学水平综合评估包括办学指导思想、办学基本条件、教师队伍、专业建设、课程教学、实践教学、教学管理、人才培养质量 8 个一级指标、56 个观测点。学科专业评估包括专业设置与培养目标、课程体系结构、实践教学体系、教学环境与资源、教学改革与科研以及专业特色等10 个一级指标、30 个观测点。通过对受评学校办学水平综合评估和学科专业评估，院校综合评估分为 A、B、C 三个等级。受评学校可根据"综合评估"等级在《云南省民办高校本科最高学费收费标准政府指导价》范围内，确定最高学费标准。同时可根据"学科专业评估"结果，结合自身办学情况确定各学科门类专业的具体学费收费标准，报云南省物价主管部门、教育行政主管部门备案审批后，在发布招生公告时公布执行。

学校评估结果与各学科门类最高学费对照情况见表 7-1。

表 7-1 学校评估结果与各学科门类最高学费对照表

单位：元/生·学年

	C 级	B 级	A 级
哲学、教育学、文学、历史学	11 500	13 000	14 500
经济学、法学、管理学、军事学	12 000	13 500	15 000
理学、工学、农学	13 000	14 000	16 000
医学	17 000	19 000	21 000
艺术（理论类）	18 000	20 000	23 000
艺术（应用类）	20 000	22 000	245 000

资料来源：《云南民办本科院交办学水平评估实施方案（试行）》。

上述三个省市的做法是积极的、值得肯定和推广的。尤其是定期展开针对独立学院的教学水平评估，一方面可以进一步加强对民办高校本科教育工作的宏观管理和指导，促进高校明确办学指导思想，积极改善办学条件，加强教学基本建设，严格教育教学管理，深化教育教学改革，切实加强内涵建设，全面提高教育教学质量和办学效益；另一方面，通过评估，建立客观、科学、合理的收费标准核定机制，提高民办高校的经费使用效率。

当然，开展评估工作不能随心所欲，而应坚持以下三个原则：

1. 独立性原则

坚持由第三主机构评估，本着从实际出发、实事求是的原则，科学合理地反映独立学院的办学质量和办学水平。

2. 导向性原则

通过发挥评估工作的导向作用，推动独立学院认真贯彻国家的方针政策，引导独立学院不断改善办学条件，提高办学水平。

3. 开放创新原则

评估指标体系以教育部《普通高等学校本科教学工作合格评估方案（试行）》以及民办高校管理与评估的有关要求为编制依据。但该指标体系不是一成不变的，应实行动态管理，要根据国家宏观政策的变化和民办高等教育的改革发展情况，进行必要的调整和完善。

7.3 建立税收优惠机制，引导社会捐资助学

随着高等教育财政压力的逐渐增大，社会捐赠这个渠道已经引起了政府和高校的关注。自高校扩招以来，社会捐赠对缓解高校办学经费不足做出了一定的贡献，但从总体上看其作用有限，还没有形成一定的规模。表3-5的数据显示，2011年我国普通高等教育社会捐赠经费为431 870万元，仅占教育经费总收入的0.63%。另外，这些社会捐赠主要倾向于在办学质量、品牌方面处于优势地位的公办大学，对独立学院等民办高校的捐赠甚微。表6-26的数据显示，2011年我国民办高校社会捐赠经费为16 548.8万元，仅占当年普通高等教育社会捐赠经费总收入的3.83%，在2011年全国教育经费总收入中所占比例为0.26%，这个比例几乎可以忽略不计。表6-27的数据显示，云南省的情况与全国的整体情况保持一致，2011年民办学校的社会捐赠经费占教育经费总收入的0.24%。以上一系列数据均表明，社会捐赠目前还难以成为支撑我国高等教育，尤其是独立学院等民办高校大发展的主要经济来源渠道之一。针对这一现状，政府应建立税收优惠政策，引导社会捐赠流向教育事业和其他公益事业。当然，独立学院也应加强自身的品牌建设吸引社会捐赠，课题小组在此处主要关注税收优惠机制，就不作进

一步展开。

高等教育捐赠的税收制度，主要涉及企业和个人向高等教育捐赠的所得税优惠方面。其他国家和地区不仅制定了有利于向公益事业捐赠的遗产与赠予税法，而且像美国、英国、我国台湾和香港地区还实施累进税率制，征收个人和企业所得税的税率均为累进税率，利润越高，税率越高，迫使个人与组织不把高额利润用于扩大再生产，就得向社会捐赠。在这种制度安排下，社会捐赠成为国外私立高等教育重要的经费来源。[①] 根据美国教育资助委员会的报告，美国用于高等教育的每 10 美元之中就有近 1 美元来自社会捐赠；1/4 来自校友，其余部分来自公司、慈善基金会和其他个人捐赠。[②] 在我国，近期的立法修改后，向高等教育捐赠的税收优惠政策已有了很大的改变，但与其他发达国家和地区相比还有一定的差距，还应不断完善，促进高等教育捐赠的迅速发展。

7.3.1 制定有关法规，明确非营利性组织的地位，提高捐赠立法的可操作性

随着我国公益事业的发展和非营利组织的壮大，应尽快制定相应的法规，给非营利组织一个明确的界定，以扩大享受税收优惠权的非营利组织的范围，统一税收优惠的一般性规定。据统计，目前我国在民政部登记注册的公益慈善组织有 44 万家，但可享受捐赠扣除的只有 60 多家，这在很大程度上挫伤了企业及个人对于高等教育捐赠的积极性。

另外，我国目前已有的捐赠立法大多都只是原则性的规定，

---

① 曾小军. 民办高等教育成本分担的路径依赖分析 [J]. 中国高教研究，2013 (4).

② 朱浩，杨汉麟. 美国私立高等教育办学经费多元化的成因及筹措渠道研究 [J]. 教育与经济，2008 (4).

在实际工作中缺乏可操作性，随着我国社会经济和慈善事业的发展，需要调整和规范的捐赠行为和捐赠关系将会越来越复杂。因此对于现行的《中华人民共和国公益事业捐赠法》《中华人民共和国所得税法》等关于捐赠的部分应继续完善。

7.3.2 解决高等教育捐赠税收减免操作中的技术性问题

1. 简化税前扣除的认可手续

我国现行的申请捐赠税收优惠的相关手续非常烦琐，捐赠人往往不知道如何办理税收优惠的手续。目前，个人申请捐赠的税收抵扣需要 10 道手续，历时两个月，企业申请抵扣的手续就更为复杂了。如此复杂的操作只会使大部分人望而却步，即使捐了款也不愿意到税务局去办理税收抵免。因此税务部门应该简化公益捐赠申请税收抵扣的办理程序，鼓励公民个人及企业进行公益捐赠。

2. 统一捐赠发票

我国目前可以开出捐赠发票的非营利性组织相当少，而且发票的形式不统一，导致企业和个人在申请减免税时程序非常复杂。建议统一捐赠发票，给予更多符合要求的非营利性组织开出捐赠发票的资格，这样既可以简化企业和个人申请捐赠抵扣的手续，也便于税务机关核实企业和个人的实际捐赠数额，避免有人虚报捐赠数额以达到偷逃税的目的。

7.3.3 提高捐赠税前扣除的比例，实行捐赠结转

目前，我国对于个人公益捐赠的扣除比例为 30%，这是偏低的，建议参照美国提高到 50% 左右。目前，对于我国企业的捐赠优惠限额为全年利润总额的 12%，而美国则是经调整后的毛所得的 10%，因此我国总体优惠水平仍较低，还应继续提高捐赠扣除的比例。

我国现行的税法中，对于超额捐赠并没有结转的规定，而国外对于超额捐赠，大多都实行结转，结转期一般为 5 年，即个人和企业捐赠超过扣除限额的部分，允许在以后的年度内进行扣除。这样，微利或亏损企业实行公益捐赠，也可以享受税收的优惠措施。

7.3.4 适时开征遗产税，完善其他配套税收政策

遗产税对于激励捐赠具有很强的作用，尤其是对于富裕阶层。目前我国的富裕阶层虽然有相当的财力但缺乏捐赠意识，适时开征遗产税，通过较高的边际税率以及允许遗产捐赠全额扣除等措施，将可以使得富人更愿意进行捐赠。

另外，《中华人民共和国增值税法》规定，捐赠实物视同销售，需交增值税，此外还需交一定比例的城市维护建设税及教育费附加。这一规定明显不利于实物的捐赠行为，因此建议对企业捐赠产品给高等学校的可相应减免相关的流转税以减轻企业的负担。

综上所述，税收导向和调节可以引导社会捐赠流向高等教育，我国应重视税收对于高校捐赠的激励作用，学习国外的先进经验，及时完善相应的税收制度，增加对教育捐赠的税收优惠力度，促进社会对教育的慈善捐赠，这是解决独立学院经费不足的重要途径之一。

7.4　强化市场意识，增加学院自身的服务收入

服务收入是指独立学院利用自身的科技、智力、设备和校产等资源开展对外服务所得的收入。独立学院要解决资金短缺问题，还需要在政策允许的情况下，更多地考虑如何创新发展

机制和管理机制，开源节流，逐步增加学校自身的服务收入，多渠道筹措办学资金。

7.4.1　国外私立高等学校增加自身服务收入的途径

美国私立高等学校主要依靠自身的科研、技术、人才优势与企业合作来增加收入。2008—2009学年，美国私立大学的服务收入占到教育成本的48%，其中附属实体收入占总收入的19.63%，医疗服务收入占总收入的21.43%。[①] 日本私立大学利用自身的科技、智力、设备等优势，开展对外服务及销售所得的收入约占总收入的10%~18%，主要形式包括科研服务收入，即通过申请课题或签订研究合同获得经费；与企业合作，寻求经费支持。此外，日本私立大学还通过经营旅馆、饭店、设备、场地出租等创收。[②]

7.4.2　独立学院增加自身服务收入的政策依据

通过发展校办产业和为社会提供有偿社会服务等措施筹措教育经费，是符合我国现行法律法规和政策的。《中国教育改革与发展纲要》第四十八条规定："继续大力发展校办产业和社会服务，逐渐建立支持教育改革和发展的服务体系，各级政府和有关部门要给予优惠政策。"《教育法》第五十八条规定："国家采取优惠政策，鼓励和扶持学校在不影响正常教育教学的前提下开展勤工俭学和社会服务，兴办校办产业。"

[①] 崔来廷. 美国私立非营利性高校多元化教育经费投入结构解析 [J]. 现代教育科学：高教研究，2012 (4).

[②] 耿萍. 日本私立大学经营体制研究 [D]. 北京：对外经济贸易大学，2007.

7.4.3 独立学院增加自身服务收入的可能途径

国内外知名的高等学校的经验表明，高等学校发挥自身优势，拓展社会服务，适当为学校发展增加服务收入的做法对学校的健康发展是有利的，符合高等教育自身发展的必然规律，也是经济社会不断发展的必然要求。独立学院也应充分挖掘自身潜力，整合资源，增加社会服务收入。

1. 整合资源，创新机制，提供社会服务

学校的资产包括有形资产和无形资产，这些资产在一定的时间段内是闲置的，可以适当整合资源，创新机制，提供社会服务。独立学院可在校园内多为学生提供优质、适合学生消费的项目，合理引导其在校完成吃、穿、用、学的消费项目，建设吸引学生使用的校园一卡通管理制度，引导学生通过校园一卡通进行消费，从而合理利用学生卡内的沉淀资金。学校不能简单地采用禁止外出消费、大量提高校内商铺租金的简单办法，这样的做法会让学生增加校外消费，减少校内消费，降低校内的商铺价值，学校对学生失去凝聚力，还会加大学生安全风险，对学校的发展也是不利的。独立学院还可以利用闲置的校舍，为本校学生和社会开办职业技能培训、考试、文体活动、学术活动等。

2. 加强产学合作，增加学校收入

产学合作的教育方式对培养应用技术人才有着重要意义，独立学院的定位主要是应用型人才的培养，学生需要较强的动手和从事实际工作的能力。独立学院加强产学合作有自身体制和机制的优势，可以采用与企业深度合作建立人才培养基地，以市场化的方式引导和加强教师科研项目。

与企业共建人才培养基地的创新做法对独立学院的产学合作具有重要的借鉴意义，传统公办院校的产学合作主要是利用学校科研优势。与企业合作，转化科研成果，这对尚处于发展初期的独立学院来说，没有太大的优势。独立学院利用自身机制灵活的优势，与企业共建人才培养基地，实现与企业的双赢，这对独立学院的发展有很大的促进作用。安徽合肥学院在这方面拥有很多先进的经验，该学院设计类专业的实验室即是"嵌入式"实验室，即由企业到学校开设公司，同时也为学生提供实训平台，学生的作业就是实际工作中的设计项目。这样既培养了学生的专业应用能力，也为企业了解学生、招聘人才提供了方便。该学院内还有一家环境监测有限公司，公司看上去不起眼，却拥有80多项国家标准的环境检测权。这个由学校出场地、社会投资建设的企业，既面向社会经营，同时也是一个"嵌入式"实验室。环境工程专业的学生在这里做实验，所用的标本都是真实的送检样品，实验环节就是真实的检测环节，实验结果也是最终的检测结果。

高校科研成果的转化率问题一直是很多公办高校的难题，独立学院可以利用自身优势，以市场化的方式引导和加强教师的科研项目，根据企业市场需求将研究的成果转化为企业生产、销售过程中的实际应用。

7.4.4 独立学院增加自身服务收入存在的困难和挑战

独立学院的办学性质决定了办学资金来源的渠道单一，资金紧缺是普遍存在的困难，这也就决定了独立学院不可避免地要在筹资方面做出多方努力。但独立学院也不能完全忽视教育事业的公益性质，在增加自身服务收入的同时，还要顾及学生、家长、社会的心理感受，在当前的社会中，只注重买卖关系的高等学校很难建立优质的品牌。

1. 独立学院增加自身服务收入对学校声誉的影响

独立学院在运行过程中，多方筹资是持续发展的需要，这在公办院校也是很正常的行为，但独立学院不可避免会涉及学校投资方收益的问题，这会干扰社会对独立学院筹资行为的价值追求的判断，甚至造成这所学校只管从学生身上赚钱的负面形象，这对学校的长足发展会有致命的影响。所以，独立学院在多方筹资的过程中，一定要多顾及自身形象，多一些解释，多一些技巧，避免让学生和社会各界产生误解。当然，学校投资方也必须清楚地认识到，独立学院虽然是投资方的一笔生意，这是无法回避的事实，但这笔生意有其自身的特点也同样无法回避，在任何市场中，完全不顾及顾客和社会大众的心理感受，甚至伤害其感情的做法，都不是明智之举。

2. 独立学院增加自身服务收入对学校人才培养的中心工作的影响

独立学院在多方筹资、增加自身服务的同时，也要始终坚守教育是以人才培养为中心的宗旨，其实，人才培养与学校未来发展以及未来的筹资工作也是统一的，把握中心工作，才真正有利于学校的长足发展。

7.5　建立贫困生资助体系

经历了初步建立与快速发展之后，目前我国独立学院的发展已经进入规范化阶段，在校人数稳中有升。同时独立学院的贫困生数量也呈上升趋势，且独立学院贫困生有其不同于普通院校的特殊性，包括学费高造成的负担重、贫富差距大形成的心理压力以及国家资助的缺失等。虽然政府采取了多种方式对贫困大学生进行资助，已经形成了以"奖、贷、助、补、减"为主体、多元化的贫困生资助体系，但高校家庭经济困难学生资助工作仍存在诸多问题，严重影响了资助效能。因此，帮助和解决好在校贫困学生学习、生活和心理方面的压力，规范各项资助工作以及建立健全长效的资助体系已成为独立学院学生工作中的一项重要工作。

7.5.1 独立学院贫困生资助工作的特殊性

独立学院作为高校扩招产生的一种新的办学模式，以其学费高、本科最后一批次可录取等特点而为人们所熟识，也因此在社会上形成了一种观念，即能到独立学院上学的都是家庭经济条件相对较好的学生，致使独立学院的贫困生问题曾一度处于被忽视的境地。实际上，随着独立学院招生人数的日益增加，其家庭经济困难学生群体的规模也在不断扩大。由于独立学院本身的特殊性，独立学院的贫困生资助工作较之普通高等学校贫困生资助工作，也呈现出了一些自身的独特性。

1. 独立学院学费高昂，加重了家庭经济负担

独立学院自诞生之日起，高收费就成为其最大的特点。对于那些想进入独立学院接受高等教育的普通家庭学生来说，这笔费用无疑给家庭带来了一定的经济压力，而对于那些经济基础本就薄弱的贫困家庭而言，这笔费用无异于雪上加霜。相对于公办高校的学生而言，独立学院贫困生家庭所要承受的经济负担就显得更为沉重。

2. 独立学院贫困生身份的"非贫困生"特点

如果完全严格按照当地的贫困标准或者公办高校贫困生统一的认定标准进行界定，独立学院贫困生群体中将有一大部分学生无法被界定为贫困身份，因为他们的家庭经济状况处于"比上不足，比下有余"的地步。但正是由于独立学院高昂学费问题等特殊性的存在，独立学院的贫困生的认定是相对于大多数家庭收入较高的学生来定的，这样才能正确认识独立学院贫困生群体，才能顺利开展资助工作。所以，独立学院的贫困生

从某种程度上来说，具有普通公办院校"非贫困生"的特点。

3. 经济的限制、贫富的差距，加大心理压力

根据云南师范大学商学院心理咨询与发展中心针对该校贫困大学新生 SCL-90 和 UPI 的评定结果，可以发现贫困新生的心理问题明显多于其他学生，主要表现在强迫、人际关系敏感、抑郁、焦虑、恐怖、偏执、精神病性等几个方面，而且贫困生的心理健康状况比非贫困生差。事实也的确如此，由于经济条件上的限制，这一学生群体的心理承受能力普遍较为脆弱，经常表现出焦虑、抑郁、自卑等系心理症状，极大地影响了学生的学习生活及成长。再有，独立学院中家庭经济条件好的学生比较多，甚至有部分学生家境十分优越，家庭条件、日常消费的反差往往会带来心理上的极大反差，而贫富差距的悬殊更进一步加大了贫困生的心理压力，也使得贫困生更容易产生自卑、自闭、焦虑等心理问题。这些差别使得独立学院的贫困生资助工作更加有难度。切实加强独立学院贫困生资助工作，不仅是维护独立学院稳定和谐发展的客观需要，而且是帮助贫困生健康成长成才的重要举措，更是推动教育公平和可持续发展的重要环节。

7.5.2 完善独立学院贫困生资助体系的建议

1. 加强资助工作队伍建设

资助工作队伍是做好资助工作的中坚力量。队伍的稳定化、职业化、专业化是做好资助工作的前提和保障。独立学院学生工作的人员流动性大，这就需要切实加强资助队伍工作建设，一方面需要在人员稳定方面下功夫，从事业留人、感情留人、待遇留人方面做好专业工作人员的选拔、调配和留用工作；另一方面也需要将学习培训、会议交流、案例讨论等措施等形成常态化机制。做好资助工作队伍人员的培训、学习交流和专业

技能的提高，努力打造一支"职业化、专业化、专家化"的资助工作队伍。

2. 完善独立学院资助制度

独立学院办学性质的特殊性就要求我们需要根据自身贫困学生的特性来探索符合独立学院实情的资助体系和制度。首当其冲的就是建立衡量贫困生的标准和筛选机制，为保证贫困生能够享受贷款政策，应由独立学院所在省市结合当地经济状况和贫困生实际情况，制定适合的贫困生衡量标准，供当地金融机构参考，帮助贫困生能享受到政策规定的助学贷款。同时独立学院资助制度本身也需要进一步优化认定程序，规范操作过程，跟进配套管理体制。

第一，量化贫困指标，灵活分配贫困名额。

针对贫困生实际情况进行划分和量化，按照"特困生"—"贫困生"—"一般贫困学生"三个层面对贫困生进行梯度划分。每一层面的困境不同，应制定不同的认定标准，既要考虑到统一分层状态下相对统一的标准，又要顾及不同地区的差异。一经确立，其后的校内助学借款、困难补助、勤工助学以及评定各类清寒奖学金均在此范围内按要求开展。同时，指标量化后还要根据各个院系、专业、生源地学生的不平衡性，灵活分配贫困名额，要兼顾公平和差异，避免造成资源的浪费和滥用。

第二，建立班级—院系—学校"三级评议制度"。

"三级评议制度"即班级、院系、学校分三级成立贫困认定小组，由各级学生资助工作领导小组和贫困生工作小组组织学生申请、走访调查、民主评议，听证，提出家庭经济困难学生建议名单及档次，公示结束后上报学校学生资助管理中心备案。通过三评议、三公示，实现三防线，确保资助建档的公平性。

第三，建立贫困生"双档案"管理模式，实现贫困生的动态关注。

所谓"双档案",即建立贫困生贫困等级档案和心理档案双档案管理模式。为了保证资助工作的完整性、真实性、准确性，确保真正帮扶到困难学生，建立和健全贫困学生档案至关重要。在建档期限内，所有的校内助学借款、困难补助、勤工助学以及评定各类清寒奖学金均在建档范围内按要求开展。同时，根据每年心理咨询中心对学生心理普测情况，再建立一份贫困学生的心理档案。各级辅导员和资助工作队伍人员，需对建档学生的心理状况予以特别的跟踪关注。

第四，建立贫困生数据库，实施数据动态管理。

对于已确立为贫困生的学生要迅速建立贫困生档案，学校要对各院系建立的贫困生数据进行汇总，建立数据库。同时，由于贫困生的家庭经济状况是一个动态变化的过程，因此要对数据库实施动态的管理。建议原则上每年确定一次贫困生档案，如遇特殊情况可不受时间限制随时予以申请和调整。要根据贫困学生家庭经济状况的变化以及学生在校期间的表现等进行重新的考量和适度的调整，根据跟踪调查制度，对经查实际情况与申请不符、有不良消费和违反校纪校规的贫困学生，应取消其贫困学生资格，并视情节给予相应的处理；对已基本摆脱贫困的学生，应及时作出调整，对新增的贫困生要适时纳入。

3. 加大资助力度，优化独立学院贫困生资助结构，完备助学体系

《国家中长期教育改革和发展规划纲要（2010—2020 年）》等文件明确指出，要健全公共财政对民办教育的扶持政策，不断加大对独立学院贫困生资助的资金投入。地方政府应把独立学院贫困生的资助平等地纳入预算计划中，加大对独立学院贫困生的资助。同时，独立学院本身在对贫困生的资助方面投入不足也是一方面的问题。因此，加大资助力度需从政府、社会、学校等各方面出发，形成合力。在政府层面，应加强政策导向，

使独立学院学生享有和公立高等院校学生同等的资助机会；在社会层面，也应加强宣传导向，拓宽资金筹措渠道，通过社会捐助、资助，建立基金会等形式，共同解决独立学院贫困生资助的问题；在独立学院层面，更需能够保证从学费收入回报中，提取一定比例的资金用于对贫困生的资助。另外，作为独立学院本身，还应从勤工助学岗位的增加和岗位类型的优化等方面下功夫，优化贫困生资助体系。第一，做好勤工助学岗位的开发，尽可能在校园内开辟适合学生参与的岗位；第二，也应积极拓展校外勤工助学岗，让贫困生工作能真正走向社会，形成大规模的勤工助学活动；第三，要优化勤工助学岗位类型。向低年级贫困学生提供一些保洁型、教室管理型的岗位，向高年级贫困学生安排一些助研、助教的工作。这不仅可以缓解学生的经济压力，还可以提高学生的科研、专业技能和水平。

4. 创新教育模式，提高独立学院贫困生的就业竞争力

"授人以鱼"不如"授人以渔"。把学生培养成才，使之在社会上有一技之长，变"终身受助"为"终身受益"，是比单纯性资助更切实有效的方法。因此，作为独立学院，更应该加强对"应用型人才"的培养。第一，加强对"双师型"教师队伍的培养，建设一支既有理论研究基础又有丰富的实践经验指导的师资队伍。第二，在教学环节上，应增加实践教学的比重，建立健全实践教学基地，增加学生实践锻炼的机会。第三，应针对贫困弱势群体进行分层、分类的培训和指导，以提高他们的就业技能；另外，应加大校企、校政之间的相互合作，为学生提供更多、更好的实践机会，同时也增加与就业岗位接轨的机会；还可将职业资格证书的培训、考评及学生就业能力培训、就业技能考评等纳入培养方案，使学生获取与专业相近、就业意向相近的资格证书，提高学生就业竞争力。

同时，建议各独立学院之间，可形成独立学院资助与就业

新联盟模式。通过搭建电子信息互助平台，为各独立学院生源地的学生提供相关资讯服务。一方面，这可增加贫困生贫困信息的审核渠道，将同一生源地建档的学生在同一信息平台公示，建立同生源地学生相互监督的良好局面；另一方面，可借助信息平台，实现为各生源地学生提供就业信息和优先推荐的功能，多渠道地解决毕业生，尤其是经济困难学生的就业问题。

5. 关注"三困"现象，将物质帮困与心理帮困和就业能力帮困相结合

独立学院"三困生"中的"三困"，不仅仅是指经济困难、学习困难、心理困惑，这三者更会相互影响、相互作用。最终，经济和学业的双重困难让其心理背负巨大的压力，而负面的心理状态又直接导致学业上的举步维艰，甚至影响到对贫困的认知态度。所以，"三困生"是贫困生工作的重点，做好这项工作，也能突破现有工作状态，进一步完善独立学院资助体系。

因此要针对贫困生的特殊情况，除了通过开展重点关注、个案心理咨询与干预、团体心理辅导外，还应将心理健康教育课程作为通识课程列入教学计划当中，让学生掌握心理调适和消除心理障碍的一般方法。通过开展一些形式多样的校园活动和文化建设活动，树立榜样引领作用，营造良好班级和校园氛围，使贫困生更好地融入校园生活，减轻心理压力，使身心健康发展。同时，资助工作还要与学校就业工作形成合力，共同解决贫困学生当中就业能力的帮困问题。通过开展就业能力提升训练营、就业讲座、就业技能培训等方式，有机地将物质帮困与心理帮困和就业能力帮困相结合，才能从根本上解决贫困问题。

6. 开展感恩教育和诚信教育，建立大学生个人信用档案

政府、社会、高校共同建立起的一套以"奖、勤、助、贷、补、减"等为主要形式的贫困生工作体系，对帮助一大部分贫

困学生暂时脱困、顺利求学起到了实质性的作用，但作为贫困学生而言，开展"饮水思源"的教育也非常重要。独立学院应将感恩教育和诚信教育纳入新生入学教育体系，并常态化地进行灌输教育。重视道德情感的内化作用，通过校园文化活动引领和先进模范事迹让受资助的贫困学生形成感恩意识、诚信意识，学会感恩社会、回馈社会。

同时也要建立健全贫困生约束机制，建立大学生个人信用档案。信用档案的建立是一种隐性的教育方式，通过诚信目标的建立、目标内化、学生自我教育、信用反馈（自我评价）、诚信调节（自我调整）、再反馈的过程，将信用档案作为一种写实档案计入学生人事档案。让贫困学生在申请建立贫困生档案之初就同步建立个人信用档案，将个人受资助情况、履约情况等同个人信用档案挂钩，实现数据共享。这一方面，可对贫困生档案动态管理提供依据，一经查实和不符，可根据最终的调查结果，对贫困等级进行调整和处理；另一方面，还可将贫困生在校的个人信用档案与其个人信用挂钩，不仅在校期间对其申请生源地信用贷款或其他贷款时产生影响，更是在其走向社会后对个人的征信记录产生影响。

7.6 加强成本管理，提高教育资源使用效率

7.6.1 独立学院成本管理目标的影响因素

1. 时间因素

与绝大部分公办院校相比，独立学院成立时间还不长。由于受人、财、物等因素的影响，独立学院在课程设置、师资队伍、教学特色方面对母体院校依赖严重，只能立足人才培养，

扩大办学和招生规模，增加学费收入，满足生存需要。近几年，由于市场的竞争、生源的减少、经验的积累，独立学院逐步注重内涵式发展，在稳步提高教学质量的同时，将科学研究和社会服务两项功能提上日程。

2. 体制因素

公办高等本科院校属于非营利性组织，不以营利为目的，学校管理者和教职员工的收入分配，原则上按国家的规定进行。独立学院是独立法人，利用非国家财政经费办学，投资主体来自民间，我国 2005 年办颁布的《教育法》规定："民办学校在扣除办学成本、预留发展基金以及按照国家有关规定提取其他的必需费用后，出资人可以从办学结余中取得合理的回报。"因此，投资人的收益必须成为成本管理的影响因素。

7.6.2　独立学院成本管理的目标

成本管理是指企业生产经营过程中各项成本核算、成本分析、成本决策和成本控制等一系列科学管理行为的总称，是在合理、有效控制成本的基础上，使企业实现战略目标及实现利润最大化目标。一般来讲，成本管理的目标在于三方面：降低成本，充分发挥成本的效用，适度地、有针对性地增加某些成本。在实施成本管理的过程中，应注意管理措施现实化、全员管理原则、全面管理与重点突出相结合原则、权利与义务相对应原则。[①]

考虑独立学院成本管理受时间和体制两大主要因素的影响，现阶段，其成本管理目标可以界定为：在进行成本预算、成本核算、成本控制、成本分析的基础上，符合国家教育等相关部门对教学质量的管理要求，为国家培养人才，加大力度开展教

---

① 　李孟顺. 成本管理目标与成本管理 [J]. 会计研究，1995 (9).

学研究和社会服务事业，最终实现出资人的利润最大化。

7.6.3 独立学院的成本管理现状

1. 成本结构不合理

通常，我国高等教育支出分为教育基本建设支出和教育事业费支出两个部分，教育基本建设支出相当于资本性支出，教育事业费支出相当于经常性支出。高等教育事业性经费支出分为个人部分和公用部分。个人部分，即保证高校教师队伍和其他工资人员的劳动，主要用于工资福利支出、补助以及学生的助学金等；公用部分包括商品和服务支出、其他资本性支出等。具体见表7-2。

表7-2　　我国高等学校经费支出明细（2012年）

支出项目	所占比例（%）
基本建设支出	6.98
事业费支出	93.02
总支出	100.0

资料来源：中国教育经费统计年鉴，2012年。

虽然所有高等院校的支出项目相同，但由于公办和民办两类学校体制不同，成本构成情况存在较大差异。从表7-2和表6-13可见，我国高等学校的经费支出中，事业费支出占支出的90%以上，而以云南师范大学商学院为例的独立学院，其事业费支出仅占32%，基础设施建设占68%。其中的重要原因在于，教育部发文的《普通高等学校独立学院教育工作合格评估指标体系》明确指出，独立学院办学必须满足各类软硬件指标体系，如生均教学行政用房、生均教学科研仪器、生均宿舍面积、生均年进书量等指标。独立学院为了自己的生存和发展，必须将大量经费用于基础建设，那么事业费支出中包含的教学经费、教学改革及研究、设备采购等项目必然受财力限制，影响其长足发展。

2. 权利与义务不对等

作为高等教育的重要组成部分，独立学院教学质量的评价主体与公办院校的评价主体无根本区别，即社会、学生家长、学生、用人单位、同行业等。但从表7-3中可以看出，我国高等本科学校的教育经费中，接近60%来自国家财政，0.72%来自社会捐赠，33.63%来自事业收入（主要组成部分为学杂费）。而民办高等本科学校教育经费来源中，主要经费来源于学杂费收入，与全国高等本科教育的总体情况相比，国家支撑力度和社会捐赠力度都非常薄弱，见表6-23。这样的"权利、义务不对等"，对独立学院工作者的压力、成本的流向、成本管理的方式都有极其重要的影响。

表7-3　我国高等本科学校教育经费来源（2012年）

收入项目	所占比例（%）
国家财政性教育经费	59.49
事业收入（学杂费）	33.63
民办学校中举办者投入	0.34
社会捐赠经费	0.72
其他收入	5.82
总收入	100.0

资料来源：中国教育经费统计年鉴，2012年。

3. 成本使用效率低下

云南师范大学商学院作为全国五星级独立学院[①]，针对该校

---

① 中国校友会2015大学排行榜独立学院前六强。

进行调查研究具有一定的代表性。从表6-13可见，该校正在大规模地进行基础设施建设，大量进行设备的采购。同时，在剩余的有限经费中，0.80%用于教学改革和研究。由此可见，该校总经费除经常性开支外，其余经费主要投资两方面：硬件设施的建设和改善，教学质量提高和教师的成长。

条件的改善与学生的舒适度、满意度本应成正比，但实际情况并非如此。通过课题小组"关于独立学院学生投入—收益情况的调查"，从学生对学校满意度调查来看，两个年级的学生对学校"满意"和"一般满意"的分别为92%和60%，见图6-24。

另外，不同专业学生对学校的满意度的评价差异性也较大。从图6-26可见，对学校满意度评价"满意"所占比例最高的专业为法学（约为57%），最低的专业是工商管理专业与会计专业（仅为6%）；"不满意"所占比重最高的专业为会计（达到了30%），其次为经济与财务管理专业（约为23%），比重最低是专业为汉语言文学（为7%），不足会计学专业的1/4。造成这一差异的主要原因是学生规模。据调查，近三年来，该校会计学专业招生规模增幅较大，见表7-4。在教师队伍没有相应扩充以及办学条件没有较大改善的情况下，学生的不满意情绪就越来越明显。该校财务管理专业也面临相同的情况。

表7-4   近三年会计学专业招生情况统计表

2012 年			2013 年			2014 年		
计划数	录取数	报到数	计划数	录取数	报到数	计划数	录取数	报到数
300	1 026	966	200	1 247	1 157	160	1 065	995

资料来源：云南师范大学商学院招生办数据。

7.6.4 独立学院加强成本管理，提高教育资源使用效率的途径

1. 事前管理

（1）树立科学的成本管理理念

传统的成本管理侧重于成本控制，片面强调降低成本，节约开支和费用，而忽视质量。"质量"作为高等教育的根基，意味着传播先进的文化，传承领先的技术，创新科技。劣质的教育资产，在各专业、各年级学生频繁地使用下，资产的使用寿命缩减，报废率高，造成资源使用效率低下。因此，独立学院的管理者必须树立科学的成本管理理念，即可持续发展的成本管理理念，将成本和效益并重，确保资产的合理、持久、均衡、安全和高效使用。

（2）坚持全员参与的原则

学校教学运行过程中，每一个员工的每一个工作环节都会不同程度地直接或间接影响成本。因此应该树立全体员工参与成本管理的意识。首先，树立全体员工中资源节约意识，有效控制成本；其次，在选择成本控制方法时，以责任成本、质量成本理念为控制方法，让二级学院负责人或部门领导充分参与成本预算和控制。

（3）有效的需求论证

需求论证是对资源开发、设备购买、物资采购目的性和必要性的分析，即指所配置资源的种类和数量能否满足学校的发展需求。

学校的需求受三方面因素影响：第一，独立学院在市场的检验下一般会设置多学科、多专业，而各专业的学生规模随招生情况不同，呈现出变动的态势。第二，不同学科和专业对教室、实验室、实训实验设备、图书、多媒体授课设备等需求各

异。第三，独立学院的师资力量薄弱，师资配比不足，师资学历和实践经历相对单薄，限制了高效管理方法的利用。各因素同时影响对需求的判断，若无有效统筹，势必产生争夺资源、浪费资源、资源严重不足等资源使用效率低下的状况。

（4）合理开展成本预算

成本预算是进行成本控制、评价的基础，预算方法的选择直接影响预算的准确性。处于不同发展阶段的独立学院，其预算的成本结构会出现较大差异。全国大部分高等本科院校在内涵式发展期，品种法是产品成本核算的一种最基础、最常见的一种成本核算方法，在成本预算时必然采用，其应用原理是在各种产品成本计算时，以数量和单位成本作为计算的依据。

对独立学院的各级各类考核和评估指标中，也经常使用品种法。如普通高等学校基本办学条件合格标准中[1]，按照学科门类不同将各类院校划分为体育院校、艺术院校等六种情况，即将不同类别学校或者不同专业学生进行区分，这是品种法的具体运用。但是，这种方法容易忽视两点不利因素：

第一，"反"规模效应。学生规模较小时，生均标准能否满足学生的需求；学生规模较大时，学生素质参差不齐，非常规事件出现概率加大，管理难度递增，生均标准能否满足需求。

第二，横向指标和纵向指标的关系。例如，在针对云南师范大学商学院的调查中，课题小组了解到该校年均进书量为 4.1 册/生，符合并超过相关检查标准 4 册/生，见表 6-12。但从课题小组进行的"关于独立学院学生投入—收益情况的调查"却显示出，学生对学校的藏书满意度并不高，2011 级回答"满意"和"非常满意"的学生所占比例近 30%，2012 级仅占到了

---

① 资料来源：教育部普通高等学校独立学院教育工作合格评估方案研究课题组，《普通高等学校独立学院教育工作合格评估指标体系（第六稿）》。

17%，如图 6-27 所示。

2. 事中管理

（1）及时进行成本核算和监控

独立学院作为高等教育的一部分，其运转周期与学生的学习周期相一致，一般以当年的 9 月至次年的 8 月为一学年，以正常本科的学生修业年限——4 年作为一个完整的生产周期。而我国会计法规定，会计年度以自每年的 1 月 1 至 12 月 31 日止，在会计期末须进行各种财务数据的计算、汇总、分析、上报。学年年度与会计年度的计算差异，为成本的核算和控制带来了困难，滞后和超前的成本核算不仅不能真实反映企业当时的状态，而且会误导后续成本的分配及控制。因此，除了根据会计的法律法规，按要求上报财务数据外，还需按学年年度，设置重要时间节点，及时进行成本的核算，检测成本的使用效率，合理调配各项费用。

（2）适当应用战略成本管理的理念

战略成本管理，即将战略的思想用于成本管理。战略成本管理有两个层面的含义：一是成本角度，通过合理利用成本战略为企业获得成本优势和竞争地位；二是战略角度，在已有战略基础上对成本管理制度、方法和措施进行谋划，从而提高成本管理的有效性。[①] 在具体实施时，以成本动因分析和价值链分析作为成本决策的主要方法。独立学院由于教育成本分担主体单一，收入来源较多依赖于学杂费收入，在办学过程中，经常会因为经费有限，必须放弃某些发展的机会。独立学院在分析各种"机会"的成本动因的基础上，确保将战略目标作为首要选择标准，理性地选择。

---

① 齐建民. 基于可持续发展的石油企业战略成本管理研究 [M]. 天津：天津大学出版社，2012.

（3）灵活、准确地选择成本核算方法

各种成本核算方法都有其优缺点。例如变动成本法将成本分为变动成本和固定成本，进而进一步划分为可控成本和不可控成本，有利于进行成本控制。但是，在进行财务数据的上报时，由于不满足会计准则的要求，只能采用完全成本法进行核算。为保证成本的计算和分配的准确性与合理性，恰当选择成本核算方法是关键。

3. 事后管理

推行责任成本理念，有助于树立参与者的成本意识，执行成本预算，推行成本控制的方法；推行质量成本理念，有助于树立大局意识，保证教育、教学的质量，确保战略目标的实施。

随着独立学院建设的步伐加快，教学和科研水平的提高，实验实训、多媒体教学设备的更新和淘汰速度也随之加快。"更新"和"淘汰"的标准如何设定，淘汰的资产如何处置对成本都具有重大影响。

科研设备、仪器的淘汰并不意味着报废，它只是不适应学校当前的发展需求，而被新资源替代，但仍然具有使用价值和货币价值。如将它当作废品销售，会低估其价值。在充分考虑维修成本、管理成本、运行成本的同时，可以将其作为学生自由利用的资源，既可缓解其他资源的使用压力，又可以锻炼学生的动手能力。或者将资产转卖给其他有需求的单位，获得资产准确的市场价值。

参考文献

1. 崔来廷. 美国公立高校高等教育成本分担解析 [J]. 现代教育管理, 2012 (1).

2. 邢洪福. 日本私立大学对中国独立学院发展的启示 [J]. 教育探索, 2009 (11).

3. 王金瑶, 唐耀英. 日本私立高校的资金支撑分析及借鉴 [J]. 高等农业教育, 2003 (8).

4. 易红郡, 罗泽意, 宁芳艳. 高等教育成本补偿: 英国模式及启示 [J]. 教育与经济, 2008 (1).

5. 郭凯. 中英高等教育学费的比较研究启示 [J]. 文教资料, 2008 (8).

6. 刘芬芬, 郭珍珍. 国外高等教育成本分担与补偿机制实践模式的启示 [J]. 学园, 2013 (8).

7. 吴慧平. 澳大利亚高等教育成本分担计划概述 [J]. 外国教育研究, 2007 (7).

8. 郭凯, 滕跃民. 中美高等教育成本分担和学费的比较 [J]. 辽宁教育研究, 2008 (10).

9. 孙宏典. 解决好办学经费问题 促进高等教育持续健康发展——以加拿大高等教育发展为例 [J]. 信阳师范学院学报: 哲学社会科学版, 2005 (12).

10. 陈化水. 独立学院贫困学生资助现状与对策——以广东

省为例［J］.电子科技大学学报：社会科学版，2011（3）.

11. 张茂林，王飞.完善独立学院贫困生资助体系研究——以湖北独立学院为例［J］.湖北第二师范学院学报，2008（9）.

12. 金珺.高校学费超出居民支付能力的实证研究［J］.西南交通大学学报：社会科学版，2007（8）.

13. 王联奎，李忠广.欠发达地区高等教育成本的测算［J］.科学教育家，2008（7）.

14. 王蕾.我国高等教育学费与居民家庭支付能力的现状分析［J］.北京理工大学学报（社会科学版），2005（8）.

15. 刘真珍.我国农村居民家庭高等教育费用支付能力分析［J］.大学（学术版），2009（12）.

16. 曾小军.民办高等教育成本分担：国际比较视角下的研究［J］.民办教育研究，2004（6）.

17. 曾小军.民办高等教育成本分担的路径依赖分析［J］.中国高教研究，2013（4）.

18. 曹浩文.扩招以来我国高等教育经费来源构成变化［C］.2008年中国教育经济学年会会议论文集，2008.

19. 郭凯，滕跃民.中美高等教育成本分担和学费的比较［J］.辽宁教育研究，2008（10）.

20. 吴慧平.澳大利亚高等教育成本分担计划概述［J］.外国教育研究，2007（7）.

21. 刘芬芬 郭珍珍.国外高等教育成本分担与补偿机制实践模式的启示［J］.学园，2013（8）.

22. 王莉华.英国高等教育成本分担政策——政府市场策略的发展及其影响［J］.比较教育研究，2007（2）.

23. 郭凯.中英高等教育学费的比较研究［J］.文教资料，2008（8）.

24. 阙海宝，王冲.独立学院经费问题探讨［J］.煤炭高等教育，2005 (5).

25. 张剑波. 我国民办高等教育成本分担中存在的问题与对策 [J]. 当代教育论坛，2007 (1).

26. 余英. 对高等教育成本问题的思考 [J]. 财会月刊（理论），2008 (2).

27. 王江丽. 我国高等教育成本分担的研究综述 [J]. 华商，2010 (2).

28. 甘国华. 高等教育成本构成要素及影响因素分析 [J]. 教育学术月刊，2008 (4).

29. 谭黎明，高志强. 民办高等教育成本分担机制研究 [J]. 湖南师范大学教育科学党报，2015 (1).

30. 王伟. 独立学院教育成本分担的对策研究 [J]. 品牌，2014 (12).

31. 李雪萍，余歆峰. 我国独立学院教育成本分担机制探究——以江西省为例 [J]. 会计之友，2014 (34).

32. 李伟华，曹飞飞，廖鸿志. 云南省高等教育经费支出探析 [J]. 学园，2009 (11).

33. 徐仙. 我国学生分担高等教育成本问题的再思考 [J]. 教育教学论坛，2014 (5).

34. 初吉斌. 我国民办高校融资困境及出路探讨 [J]. 辽宁行政学院学报，2009 (1).

35. 刘玉霞，李建军. 新形势下我国民办高校的资金筹措途径 [J]. 重庆工商学院学报，2008 (12).

36. 冉云芳. 民办高校筹资中的社会捐赠问题 [J]. 教育发展研究，2008 (2).

37. 吴杰云，乐俊杰. 我国高等学校教育经费来源状况的实证分析 [J]. 湖北经济学院党报：人文社会科学版，2009 (1).

38. 任青云. 日本私立大学学费资助体系研究 [D]. 济南：

山东师范大学，2009.

39. 孙羽迪. 我国高等教育成本分担及国际比较［D］. 北京：北京工业大学，2005.

40. 蒋运洲. 高校独立学院教育成本分担问题研究［D］. 南京：广西师范大学，2009.

41. 杨琴. 我国独立学院教育成本核算与分担机制研究——以四川省 A 独立学院为例［D］. 成都：西南财经大学，2011.

42. 吴雪晶. 我国民办高校教育经费筹集多元化发展模式研究［D］. 济南：山东大学，2009.

43. 高翔. 高校办学成本测算探讨——以江西高校为例［D］. 南昌：南昌大学，2009.

44. 武芳. 企业分担高等职业教育成本研究［D］. 西安：西北农林科技大学，2014.

45. 李东阳. 当前高校贫困生资助体系构建研究［D］. 郑州：郑州大学，2007.

46. 郭小娇. 独立学院贫困生资助体系研究——以 H 大学为例［D］. 保定：河北大学，2011.

47. 白琴. 独立学院学费标准制定的问题研究［D］. 成都：四川师范大学，2010.

48. 周飞. 论我国独立学院学生个人学费成本的确认［D］. 长沙：湖南师范大学，2007.

49. 刘志军. 我国高等院校融资渠道多元化研究［D］. 哈尔滨：哈尔滨工程大学，2007.

50. 颜承志. 高校独立学院建设的融资模式研究［D］. 厦门：厦门大学，2009.

51. 金敏. 公立高校独立学院资金筹集与应用研究［D］. 成都：西南财经大学，2008.